KB075897

미시마 쿠니히로(三島邦弘)

출판사 '미시마샤' 대표. 1975년 교토에서 태어나 교토대학
문학부를 졸업하고 출판사 두 곳에서 편집자로 일했다. 2006년
미시마샤를 설립하여 동네서점 직거래, '미시마샤 서포터즈'
론칭 등 출판사로는 유례없는 독특한 운영 방식을 도입해 주목을
받았다. 우치다 다쓰루, 마스다 미리 등 스타 작가와 활발히
협업하며 다양한 분야의 책을 출간해 탄탄한 독자층을 구축한
저자는 '한 권의 책에 혼을 담는다', '만드는 우리가 재미있어야
한다' 등 뚝심 있는 경영 철학을 고집한다. 무엇보다 만드는
사람이 명랑하게 일해야 한다고 믿으며 미시마샤와 독자 사이에
흥미롭고 다채로운 방식으로 가교를 놓으려 노력하고 있다.
저서 중 『좌충우돌 출판사 분투기』가 국내 출간되었다.

박동섭

독립연구자. 사상가와 철학자들의 언어를 대중도 이해할 수 있는
언어로 설명하고 알리고자 애쓰고 있다.
『심리학의 저편으로』, 『성숙, 레비나스와의 시간』,
『동사로 살다』, 『우치다 선생에게 배우는 법』 등을 썼고,
『도서관에는 사람이 없는 편이 좋다』, 『단단한 삶』,
『심리학은 아이들 편인가』, 『레비나스 타자를 말하다』 등을
우리말로 옮겼다.

재미난 일을 하면 어떻게든 굴러간다

재미난 일을 하면 어떻게든 굴러간다

작은 회사가 지속 가능하게 일하는 법

미시마 쿠니히로 지음

박동섭 옮김

추천의 글

절도 있는 '작은 장사'

미시마 군과는 꽤 오랫동안 알고 지냈다. 그가 첫 번째 출판사에서 편집자로 일하던 이십 대 후반에 만났으니 지금으로부터 족히 이십 년은 지났다.

첫 만남이 매우 인상적이었다. 그는 자신을 이렇게 소개했다. "저는 여행하는 사람입니다." 그러고는 그때까지 여행한 세계 이곳저곳 이야기를 늘어놓았다. 일 이야기를 하러 왔으면서 일 이야기는 하나도 안 했다. 재미있는 청년이라고 생각했다.

책을 써 달라기에 "써 보지, 뭐!"라고 대답했다. 함께 일을 하며 가끔 만나 이 청년이 어떻게 성장해 가는지

지켜보고 싶었다. 재미있는 사람과는 또 만나고 싶어지기도 하고.

　그와 처음 작업한 책은 『마치바의 현대사상』이다. 이때 그는 다른 출판사에서 편집자로 근무하고 있었다. 이어서 『마치바의 미국론』도 그와 함께 만들었다.

　그 후 대학원 세미나에서 학생들과 수업한 1년간의 대화를 풀어 정리한 『마치바의 교육론』이 완성될 무렵 그는 미시마샤를 창업했고, 그 덕에 이 책은 출판사의 초기 라인업에 들어갔다. 일본 출판계에 '혁명'을 일으킨 출판사의 시작에 함께해 작가로서 큰 영광이다.

　지금까지도 미시마 군과 꾸준히 작업하고 있다. 『마치바의 중국론』, 『마치바의 문체론』, 『일본습합론』, 『일본 종교의 습성』 등 잊기 어려운 책을 그와 함께 많이 만들었다. 앞으로도 그는 분명 "선생님, 꼭 써 주셨으면 하는 주제를 생각해 냈습니다"라며 불쑥 찾아올 것이다.

　미시마샤의 경영 방향은 이 책에 나온 대로 '작은 장사'다. 미시마 군은 책을 만드는 일은 분명 장사이긴 하지만, 그 나름의 절도가 있어야 한다고 강조한다. 그가 출판사를 창업한 이유는 이익을 추구하거나 회사 규모를 키우는 데 있지 않다. 그가 만들지 않으면 달리 만들

사람이 없을 법한 책을 만들기 위해서, 그가 발굴하지 않으면 묻히고 말, 다른 사람이 발견할 수 없는 재능을 캐내는 책을 만들기 위해서. 이 방향성은 창업 이래 흔들림이 없다.

경영 방향에는 흔들림이 없지만 회사 경영 방식은 항상 흔들린다. 한번 결정한 일이라도 어쩐지 마음이 내키지 않으면 "그건 없던 일로⋯⋯."라며 철회한다. 왜 마음을 바꿨는지, 그때는 별 말이 없다. 중심에 놓인 기둥이 흔들리지 않는 사람은 주변의 세세한 변화에 대해서는 잘 설명해 주지 않는다. 아마 본인도 잘 몰라서 그런 것 같다.

나는 미시마 군과 함께 책을 만들며 가까이서 그를 계속 관찰해 왔다. 작업 와중에도 극적인 방향 전환이 몇 번 있긴 했지만 그때마다 납득할 수 있는 설명을 들은 기억은 없다. 하지만 전혀 신경 쓰지 않았다. 밖에서 보면 극적인 방향 전환을 거듭하는 듯 보여도 미시마 군은 자신의 길을 따라 잘 걷고 있을 것이기 때문이다.

여행자가 어디서 무엇을 하든, 그가 여행자라는 사실은 결코 변하지 않는다. 그의 여행에 축복이 있기를. God speed you!

한국의 독자들에게

썩 잘된다고는 할 수 없지만 나름 잘
굴러가는 회사의 생생한 이야기

한국의 독자 여러분, 안녕하세요! 이 책을 읽어 주셔서
고맙습니다. 기쁘다는 말밖에 할 말이 없습니다. 그도 그
럴 것이 이 책은 일본의 한 '작은' 출판사의 '소소한' 이
야기거든요. 게다가 책으로 나오기 전에는 저희 미시마
샤를 응원해 주는 몇백 명 정도의 '미시마샤 서포터즈'
에게 '여기서만 말하는 건데……' 하는 정도의 느낌으로
쓴 이야기였습니다. 그래서 이 책이 한국의 출판 분위기
에 맞을지 그리고 애당초 우리 같은 작은 회사의 이야기
가 한국 독자들에게 얼마나 다가갈 수 있을지(우리 같은
작은 회사의 이야기를 얼마나 원할지) 조금 걱정이었습

니다.

그럼에도 이렇게 책이 나왔습니다. 나름 의미를 짐작해 보니 한 가지 짚이는 점이 있습니다. 바로 이 책이 '썩 잘된다고는 할 수 없지만 나름 잘 굴러가는 회사의 생생한 이야기'를 담고 있다는 점입니다. 말하자면 '나름 잘 굴러가는 것'과 '생생한 이야기', 이 두 가지로 만들어진 책입니다.

'썩 잘된다고는 할 수 없지만 나름 잘 굴러간다.' 이런 상태를 제가 사는 간사이 지방에서는 보치보치ぼちぼち (이 말이 한국어로 번역이 될까요?)*라고 합니다. 보치보치란 성공과 실패, 하늘과 땅이 급속도로 상승과 하강을 되풀이하는 제트코스터와 같은 상태와는 반대로, 큰 성공도 없지만 큰 실패도 없는 안정된 상태입니다. 그러니 무엇보다도 '즐거움'과 '재미'를 이어 나갈 수 있는 상태죠.

그렇다고는 하나 이런 회사 이야기가 결코 극적이지는 않습니다. 드라마나 영화로 만들기도 곤란하죠. 하지만 애당초 '일상'은 극적이지 않습니다. 해피엔딩도 새드엔딩도 없다 보니 살아 있는 한, 그러니까 적어도 계속 일하는 한, 좋은 일도 있고 나쁜 일도 있습니다. 분

---

* '그럭저럭' 정도의 뉘앙스로 번역할 수 있다.

명한 것은 일상에는 엔딩이 없다는 것입니다. 이 끝이 없는 일상을 '나름 잘 굴리며' 지내고 있습니다.

굳이 말하자면 이 '나름 잘 굴러간다'는 지점이 '미시마샤'라는 출판사의 특징이라고 할 수 있습니다. 무슨 의미인가 하면 '잘 굴러간다'는 느낌을 계속 유지하려면 우리의 일을 그리고 우리 출판사에서 나오는 책들을 우리 스스로 재미있다고 생각해야 합니다. 회사를 잘 굴리는 것 자체가 목적이 돼 버려서 우리가 생각하는 '재미'를 손에서 놓아 버리면 잘 굴러간다고 할 수 없죠. '재미'도 얻고 그 결과 어느 정도 책도 '팔리며' 그렇게 회사가 굴러가는…….

이때 과정이 중요해서 팔리기만 한다고 좋은 것은 아닙니다. '시장이 생각하는 재미'만 목표로 삼아서는 잘 굴러간다고 말하기 어렵죠. 그렇게 해서는 소비 지향적이고 도박하듯 일할 수밖에 없습니다. 그럼 곧 피폐해질 테고요(때로 일부러 그렇게 하기도 하지만 그건 그 자체가 '재미'있기 때문입니다).

우리가 소중하게 여기는 '재미'를 살리면서 담담하고 극적이지 않은 일상을 사는 것. 그것은 시장의 낌새를 살펴 다른 사람의 재미를 쫓는 행위와는 다릅니다. 한 걸음 더 들어가서 말하자면 무조건 팔리기만 하면 좋다고 생각하지 않는다는 말입니다. 물론 당연히 책이 팔리면 좋습니다. 아니, 팔리지 않으면 곤란하지요. 그런데 '재미'라는 우리의 혼이 들어가지 않은 책을 만들면서까지 판매를 추구하진 않는다는 겁니다.

당연하다면 당연한 말입니다. 그렇기에 이 이야기는 '당연한 일'을 하려는 회사의 평범한 이야기입니다. 출판사 대표이기 전에 저도 편집자 나부랭이기에 편집자의 관점에서 보면 '잘 굴러가고 있다'라는 정도로는 책을 기획하기에 약하지 않나, 고민스럽긴 합니다.

그렇다면 '생생한 이야기'가 이 책의 열쇠일까요. 확실히 '잘 굴러가는 것'과 '생생한 날것'이 곱해지면 (이 세상에) 흔치 않은 이야기라고 말 못 할 것도 없습니다. '당연한 것을 하려는 회사의 평범한 이야기. 그런데 꽤 진심임' 정도일 텐데요. 음, 그렇다 해도 이 기획에 오케이 사인을 내는 것은 쉽지 않을 것 같습니다.

혹시 '코칭'이라는 것을 들어 보셨나요? 최근 주변의 몇몇 지인이 코칭을 받고 있다는 말을 들었습니다. '코칭 프로'라 불리는 전문가와 한 달에 한 번씩 이야기하는 시간을 갖는 것인데요. 단, 그 코칭 프로는 '티칭'이

전문인 사람은 아니라서 가르치지는 않는다고 합니다. 그는 어디까지나 질문만 하는 것이죠. 그 질문을 통해 본인이 답하고 본인이 스스로 깨닫도록 한답니다.

　코칭을 받은 지인들은 한목소리로 회사가 훨씬 나아졌다고 말합니다. 그들의 이야기를 듣다 보니 '정말 그런가?' 싶어 흥미가 좀 생겼습니다. 이 책에서 쓴 것처럼 저도 다른 사람이 들어 주었으면 하는 이야기가 대단히 많습니다. 이야기를 해서 회사가 나아진다면 기꺼이 상담받고 싶다고 생각했지만, 이내 상담을 않겠다고 생각을 고쳐먹었습니다. '나는 왜 상담을 안 받으려고 하지?' 생각해 보다 문득 깨달았습니다. '아, 나는 매월 우리 서포터즈에게 손 편지 쓰는 것으로 진심을 토로하고 있네. 그걸로 이미 코칭을 받고 있었구나!'

　이 책의 저자(저입니다)는 알고 깨닫기를 거듭합니다. 2년 전에 "알겠다!"고 말했던 내용을 2년 후 또 "알았다!"며 마치 새롭게 안 것처럼 씁니다. 물론 아주 진지하게 말이죠. 그 손 편지를 다시 읽을 때마다 제가 생각해도 저는 참 이상한 녀석 같습니다. 하지만 이제 보니 '코칭을 받고 있었다'라고 말할 수도 있겠어요. 그렇다면 이 책은 글로써 받았던 코칭 과정이 담긴 책이라고 할 수 있지 않나 하는 생각이 얼핏 듭니다.

　이렇게 생각하니 이 책이 독자에게 조금은 도움이 될지도 모르겠다 싶습니다. '재미'를 포기하지 않고, 그럭저럭 계속 회사를 꾸려 가는 이야기. 사실은 혼자서 멋대로 이야기하고 멋대로 깨닫고 멋대로 납득하고 반성하고 행동하는 날들의 연속, 바로 그 과정이 담긴 한 권의 책. 편집자인 제가 이 원고를 처음 읽었다면 바로 이렇게 정리했을지도 모르겠습니다.

　여하튼 편지를 쓰며 혼자서 코칭을 받은 셈입니다. 그럼 코칭을 받은 지인들처럼 점점 회사가 좋아졌는가? 하면 반대입니다. 2023년 초에 폭풍우가 닥쳐왔습니다.

　말 그대로 폭풍, 나아가 광풍이었습니다. "비즈니스 세계에서는 회사가 다음 단계로 올라서기 전 반드시 폭풍이 한차례 휘몰아치는 것 같다"던 코칭을 받은 지인의 말이 마음속 깊이 이해가 되었습니다.

　한창 폭풍이 몰아칠 때는 자신이 폭풍 속에 있는지 알지도 못합니다. 일기예보처럼 "지금 폭풍이 다가옵니다!"라고 누군가가 알려 주지도 않습니다(혹여 코칭을 받는다면 가르쳐 주려나요). 대개는 사후에나 압니다. "아, 그러고 보니 그때 폭풍우가 몰아친 것이었군" 하고 말이죠.

바로 지금 제가 그것을 실감하고 있습니다. 무엇보다도 폭풍이 지나고서야 맛볼 수 있는 청량함을 느끼기 때문입니다. 폭풍이 휩쓸고 지나가면 공기가 깨끗하고 맑아지며 주위가 말끔히 정리된다고들 하지요. 회사도 마찬가지라는 것을 새삼 절실히 느낍니다.

우리 회사로 말하자면 마치 다른 회사가 된 것 같습니다. 아주 조금씩 수정을 거듭해서는 이렇게 될 수 없었을 겁니다. 자칫하면 난파했을지도 모를, 그런 거센 폭풍을 헤쳐 나온 이들만이 가지는 늠름함이 지금 우리 직원들에게 넘쳐흐른다는 것을 실감합니다.

이렇게 쓰면 어떻게 시련을 극복하고 회사가 성장해 왔는지가 이 책에 담겨 있을 거라고 기대할지 모르겠습니다. 그런데 그것은 좀 다른 문제입니다. 미안하지만 그런 내용은 전혀 없습니다.

지금에 와서 돌이켜 보고서야 안 사실인데요. 이 책을 다 쓸 때쯤에 폭풍에 휩쓸리기 시작한 것 같습니다. 그 일이 한창일 때 생각하고 행동했던 기록이 이 책의 3장에 나와 있습니다. 그런데 그 시점은, 폭풍을 빠져나오기까지는 아직 한참 멀었을 때라 빠져나올 방법 같은 것을 쓸 여력이 없었습니다. 폭풍이 한창 몰아칠 때 폭풍에서 빠져나가는 방법을 논하고 있다면 위험하죠. 이러쿵저러쿵할 것이 아니라 행동을 해야 빠져나갈 수 있으니까요.

그렇다면 이 책에 담은 내용이 무엇인가 하면, 사람과 조직이 폭풍에 휩쓸리기 전과 휩쓸린 후에 생각한 내용에 관한 단상들입니다. 그러니 편집자로서 이 책을 다음과 같이 정의할 수 있을 것 같습니다.

— '나 홀로' 코칭의 최후에 불어닥친 폭풍?!
— '잘 굴러가는 것'에서 '좀 더 잘 굴러갈 것'을 추구하는 사람이라면 아마도 참고가 될 책.

이런 책이니 한국의 독자 여러분, 부디 많은 관심 부탁드립니다.

마지막으로, 폭풍을 헤쳐 나오는 가운데 몇 가지 큰 사건을 겪었습니다만 그중 가장 큰 일은 2023년 9월에 한국의 파주를 방문한 일이었습니다. 그때 한국에서 만난 분들께 받은 에너지가 있었기에 여기까지 왔습니다. 그때 만났던 인연으로 이 책이 탄생했습니다. 유유출판사 여러분과 이 책을 번역해 주신 박동섭 선생님께 다시 한번 이 자리를 빌려서 감사한 마음을 전합니다. 고맙습니다.

한국의 독자 여러분과 이렇게 재회할 수 있어서 아주 기쁩니다.

들어가는 말

이 책을 읽는 여러분께

안녕하세요. 출판사 미시마샤의 대표 미시마 쿠니히로입니다. 처음 뵙는 분도 많을 것 같습니다. 아무쪼록 잘 부탁드립니다.

보통 인사는 이 정도에서 끝나죠.

"인사는 이 정도로 하고 본론으로 들어가죠."

비즈니스 상황이나 드라마의 한 장면에서 이런 대사를 듣는 일은 허다합니다. 이처럼 '인사'는 어디까지나 형식입니다. '인사'와 '본론'을 구분할 때 다들 이런 식으로 인사의 형식성이나 의례성을 부각하지요. 그런데 고대 그리스 아테네에서는 대화를 만나자마자 바로 시작했다더군요. 예를 들면 플라톤이 쓴 『메논』의 첫 행은 다음과 같이 시작합니다.

메논: 소크라테스 당신에게 묻겠습니다. 대답해 주시오. 덕은 가르칠 수 있는 것입니까?

이 대화는 '단도직입'이 무엇인지를 잘 보여 줍니다. 그 본보기와 같은 발화이지요. 고대 그리스처럼 일본에도 예전에 설법하는 승려나 저잣거리에서 전쟁 이야기 등을 들려주고 돈을 받는 예능인이 있었는데, 아마 그들도 길 가던 사람에게 인사를 건네듯 말을 걸지 않았을까 싶습니다.

실은 지금도 비슷한 일이 일어납니다. 예를 들면 트위터(지금의 X)가 그렇죠. 거기서는 '인사'를 건너뛰고 불쑥 자기 이야기를 꺼내 놓는 사람들이 있습니다. 그런 측면에서 트위터는 '인사를 나누는' 매체라기보다는 '인사가 없는' 매체라고 할 수 있을 것 같습니다. 그 반대로 이 책은 여러분께 긴, 아주 긴— 인사를 드릴 생각으로 썼습니다.

물론 '불특정 다수'를 위해서가 아닙니다. 때마침

지나는 분들을 위한 인사입니다. 하지만 이것도 분명히 '인연'이라고 생각하며 옛사람이 행했던 인사처럼 건네려 합니다. 설법은 물론 아니고요, 이 한정된 지면으로 만나는 여러분에게만은 꼭 전하고 싶은 이야기가 있습니다. 이 생각이 특히 작은 조직과 회사를 앞으로 어떻게 꾸려 갈 것인가 하는 물음을 가슴에 품고 있는 분들께 조금이라도 울림을 줄 수 있다면 더는 바랄 게 없습니다.

지금부터 긴 '인사'를 드리려고 하는데요, 함께해 주시면 고맙겠습니다.

1장
'재미있는 것'을
계속하려면

습관이 우리의 행동 양식을 만든다

코로나19 창궐 전과 후. 이 사이에는 큰 단절이 있습니다. 적어도 우리 인간 세계에서는 말이죠.

2020년 봄을 경계로 우리의 생활 습관은 크게 바뀌었습니다. 매우 알기 쉬운 변화는 바깥을 걷다 보면 전부 마스크를 쓰고 있다는 것이죠. 코로나19 유행 이전까지만 해도 독감이 유행할 때나 꽃가루가 기승을 부릴 때 같은 특별한 시기를 제외하면 외출할 때마다 마스크를 쓰지는 않았습니다. 꽃가루 알레르기가 가장 심한 시기에도 마스크 착용률은 높아 봤자 30~40퍼센트 정도가 아니었을까요. 그런데 코로나가 창궐한 지 3년이 넘은 지금(2023년 1월)도 거리에서 마스크를 하지 않은 사람을 찾아보기 어렵습니다.

마스크뿐만이 아닙니다. 초등학교에서는 말을 하지 않고 밥을 먹고 운동회 같은 행사도 전교 학생이 모두 모이지 않고 학년별로 열립니다. 회사에서는 재택근무가 일반적인 선택사항이 되었고 온라인 미팅은 직종과 관계없이 당연한 것으로 자리 잡았습니다.

제가 아는 어떤 분의 회사에서는 같은 공간에 있으면서도 한 명씩 칸막이로 나뉜 책상에 앉아 온라인으로 회의를 한다고 합니다. 바로 옆에 있는 사람을 화면을 통해 보고, 바로 옆에서 들리는 목소리를 애써 이어폰으로 듣는 거죠. 이런 게 감염 대책이란 걸까요.

이렇게 학교와 직장을 비롯한 모든 일상에서 우리의 행동이 제한을 받으면서 행동 양식 자체가 달라졌습니다. 즉 일상의 습관이 바뀌는 지경까지 이르게 된 거죠. 습관이 바뀌는 일, 우리의 일상에서 이만큼 큰 변화는 없을 겁니다. 왜냐하면 우리가 '양식'이라고 굳게 믿고 있는 것의 대부분은 우리의 습관에 의해 길러진 것이니까요.

　노인요양시설 '택로소 요리아이'宅老所よりあい 대표인 무라세 다카오 씨가 이토 아사 씨와 함께 쓴 책 『흐리멍덩함 이타』ぼけと利他에서 다룬 일화에 습관의 힘이 확실히 드러납니다. 치매가 낫는다는 이야기를 듣고 부인을 시설에 다니게 했지만 낫지 않자 "퇴소하겠습니다" 하고 어느 날 남편이 시설로 전화를 했습니다. 다음 날 아침 시설 사람들이 상담을 하려고 그 집으로 찾아갔는데, 남편이 무심결에 "여보, 당신 데리러 왔어!" 하고 평소처럼 부인을 시설에 보내려고 했답니다. 시설 이용을 그만두겠다고 생각했으면서도 무심코 부인을 보내려고 한 남편을 보니 그가 습관에 속수무책으로 묶인 것 같았다고 무라세 씨는 말합니다. 습관이 사고와 행동을 낳고 '양식'이라는 틀에 자신을 스스로 가둔 셈입니다.

우리의 '재미 추구'가 위협받고 있다?

오해를 무릅쓰고 말하자면 우리 회사도 코로나19를 계기로 다른 회사가 되었다고 할 수 있을 만큼 큰 변화가 있었습니다. 이 글을 쓰는 지금, 16년 반 동안 회사를 운영해 온 사람으로서 확실하게 실감합니다. 중요한 것은 아주 좋은 방향으로 변화해 왔다고 생각한다는 점입니다. 그렇지만 코로나가 창궐한 지 3년이 지난 이 타이밍에 다시 한번 더 큰 변화를 꾀해야 한다고 생각합니다. 저의 직감일 뿐이지만 아마도 틀림이 없을 겁니다.

이렇게 생각한 배경에는 위기감이 있습니다. 위기감이 없으면 애당초 변화의 필요성을 느끼지 않겠지요. 이 위기감이 무엇인가 하면, 우리의 '재미 추구'가 위협받고 있다는 데서 기인합니다. '재미'를 형태로 만들어서 독자들에게 전하는 것. 이것은 우리 일의 핵심이자 생명입니다. 그런데 우리는 우리가 재미를 추구하는 환경이 점점 안 좋아지고 있다고 느낍니다. 아마도 우리뿐만 아니라 다양한 산업에서 이런 위기감을 느끼고 있지 않나 싶습니다.

이렇게 느끼던 어느 날 이 느낌에 딱 맞는 글이 있다는 것을 알아차렸습니다. 바로 제가 2018년부터 5년간 매월 미시마샤를 응원하는 사람들에게 쓴 글입니다. 비공개를 전제로 쓴 글들인데요, 이것을 통독해 보고 저도 놀랐습니다. 기쁨, 아픔, 실패, 즐거움은 물론이거니와

별것 아닌 일들까지, 우리 미시마샤의 일을 잘 아는 수백 명 정도의 사람만 읽는다고 생각해서인지 너무나도 솔직하게 쓴 글이었습니다. 보통 회사 안에서 일어난 실수를 일부러 드러내지는 않으니까요.

하지만 긍정적으로 보면 코로나19 전 2년과 코로나19 후 3년 동안 일어난 변화를 생생하게 느낄 수 있었습니다. 당시의 고민도 그대로 담겨 있습니다. 그것뿐만 아니라 적나라함의 결이 변화해 가는 모습까지 담겨 있었습니다. 일에 열중하느라 자신을 잊는 변화가 한창인 과정에서 나온 말들이 기록되어 있었지요. 수백 명 정도의 서포터즈만 읽는다는 전제 때문인지, 말의 밀도나 사고에서 솔직함이 느껴졌습니다(마치 다른 사람의 글처럼 말하는 것 같습니다만).

큰 변화의 필요성을 절감하는 지금 그때의 글을 돌아보지 않을 수가 없습니다. 앞에서 말한 것처럼 습관이 바뀔 만큼의 큰 변화는 없습니다. 그렇다면 지금 필요하다고 느끼는 큰 변화에는 습관의 변화가 동반되어야 할 필요가 있습니다.

코로나19로 촉발된 우리 회사의 변화는 어디에서 어떻게, 제대로 이루어졌는가? 반대로 틀림없이 좋은 방향으로 진행되던 것을 방해한 것은 무엇인가? 그리고 현재에 이르기까지 어떤 문제가 해결되지 못한 채 남아 있는가? 이렇게 뒤를 돌아다보고 나서 다음 변화에 임하려 합니다.

거듭 돌이켜 보고 반성하면서 바뀝니다. 창업 17년 차를 맞이해 처음으로 이 과정을 거치며 변화를 향해 갈 수 있을 것 같은 느낌이 듭니다. 바꾸어 말하면 지금까지는 오리무중으로, 계속 달리기만 하면서 변할 수밖에 없었습니다. 어떻게 하다 보니 바뀌었던 거죠. 바뀌고자 해서 바뀌었다기보다 발버둥 치며 겨우겨우 위기에서 탈출하려고 바뀌었던 거죠. 행운이었다고 할 수 있습니다.

하지만 이번에는 서둘러 위기를 감지하고 변화를 향해 움직이려고 합니다. 이 자체가 우리 회사에는 아주 큰 변화라고 할 수 있습니다. 그것이 어떻게 가능했는지를 이야기하려면 지금까지 회사를 어떻게 운영해 왔는지를 먼저 풀어놓을 필요가 있다고 생각합니다.

서점이 버팀목이 되어 주면서

2006년 창업한 미시마샤는 도쿄 지유가오카에서 시작했습니다. 처음엔 저 혼자 세운 회사지만 2년 차가 되는 해에 영업 직원 두 명이 들어왔습니다. 그리고 서점과 직거래를 하게 됩니다. 업계의 관례였던 도매상을 통하는 방식이 아니라 전국 서점에 직접 영업하고 주문을 받았지요. 주문받은 책을 주문받은 만큼 거래 서점에 출고했습니다.

'주문받은 만큼'이라고 굳이 쓴 데에는 이유가 있습니다. 서점에서 "열 권 주문하고 싶어요"라고 해도 원하는 부수 그대로 서점으로 책이 가는 것은 아닙니다. 평수가 작은 서점이나 지방 서점에는 도매상을 통해 주문받은 부수보다 적게 가는 일이 당연했던 것 같습니다. 히로시마현 쇼바라시에 있는 WE도죠 서점 대표(이자 개인적으로는 '동지'로 생각하는) 사토 토모노리 씨는 자신의 책에서 이렇게 썼습니다.

WE도죠 서점 같은 작은 서점에는 매번 우리가 필요한 만큼의 베스트셀러가 들어오지 않습니다. 서른 권 정도 필요해도 WE도죠 서점에 들어오는 것은 다섯 권 아니면 세 권, 심하면 한 권입니다.

—『책방에서 기다리다』本屋で待つ(나쓰하샤, 2022)

인구 과소 지역 서점이라 이런 일이 일어나는 것은 아닙니다. 도쿄 오모테산도 각지에 체인을 두고 있으며 전통이 긴 산요도 서점의 점장 토오야마 히데코 씨에게서도 미시마샤를 창업하고 나서 수년이 지난 후에 사토 씨가 했던 말과 똑같은 말을 들었습니다. 그 말에 이어 "그래서 미시마샤가 고마운 겁니다. 우리가 원하는 만큼 책을 보내 주지 않습니까"라던 말을 잊을 수 없습니다.

주문한 부수가 주문한 부수만큼 입고되는 것. 당연한 소리로 들리겠지만 이 당연한 일이 당연하게 이뤄지지 않습니다. 이 한 가지만 보더라도 출판업계가 자타공인 '불황'이라고 말할 수밖에 없는 정황의 한 단면을 엿볼 수 있습니다.

미시마샤는 2007년 6월에 서점 직거래를 위한 출판 활동을 개시했습니다. 일단은 전국 서점으로 안내 편지와 팩스를 보냈습니다. 그때 주문과 함께 전화를 주신 한 서점 운영자가 있었습니다. 홋카이도 삿포로시에 있는 구스미책방의 구스미 쿠니하루 씨였습니다. 그 후 (이렇게 말해도 그로부터 5년은 지났어요) 처음으로 홋카이도로 출장을 갔을 때 구스미 씨는 눈을 반짝반짝 빛내며 "미시마 씨!" 하고 반겨주었습니다. 그리고 이렇게 말했지요. "미시마샤에서 직거래 안내가 왔을 때 이런 출판사가 생겨서 아주 기뻤어요."

각지를 돌아다니며 똑같은 말을 들었습니다. 돗토리현 데유도 서점의 나라도시유키 씨, 후쿠오카현 북스 큐브릭의 오오이 미노루 점장, 시즈오카현의 도다 서점, 돗토리현 요나고시의 이마이 서점 등 이름을 들자면 끝이 없습니다.

사족이긴 합니다만, 구스미 씨와는 그 후 몇 번 더 만나면서 서로를 격려하는 사이가 되었습니다. 애석하게도 구스미 씨는 운영하던 서점을 접고 새로운 서점을 구상하던 도중 타계하셨습니다. 그 유고를 구스미 씨와 친하게 지내시던 나카지마 다케시 씨를 통해 받아 타계 1주기인 2018년 여름에 『기적의 서점을 만들고 싶어』奇跡の本屋をつくりたい를 출간할 수 있었습니다. 창업할 때 입은 은혜에 최대한 보답한다는 마음으로 책을 만들었습니다. 구스미 씨뿐만 아니라 신세를 진 서점원 중 몇 분

이 앞서 세상을 떠나셨습니다. 이분들의 뜻을 저 나름으로 이으려는 생각이 하루하루 버팀목이 되고 있습니다.

여하튼 당시는 우리가 하려고 했던 일이 서점을 운영하는 분들의 지지를 받을 것이라고는 생각도 하지 못했습니다. 바로 눈앞의 일을 처리하느라 바빴죠. 당장 내일도 유지된다는 보장이 눈곱만치도 없는 회사를 어떻게든 유지하려고 발버둥 쳤습니다. 단지 그뿐이었습니다.

이러한 일상에서 들은 말 중 몇 가지가 생각지도 못한 곳에 살아 있었습니다. 그 사실을 일전에 같은 연배의 출판인과 이야기하며 알게 되었습니다.

"17년 전에 미시마 씨가 출판사로서 독자에게 말을 걸어 주었지요. 작가가 그렇게 한 적은 있었지만, 출판사가 그렇게 한 것은 그때가 처음이었다고 생각합니다."

이 말을 듣고 놀랐습니다. 저 스스로는 전혀 의식하지 못했기 때문입니다. 갑자기 칭찬을 받고 겸연쩍어하다가 '그러고 보니……' 하고 생각난 일이 있었습니다.

확실히 저는 미시마샤가 1인 출판사일 때부터 '작은

종합 출판사', '원점회귀하는 출판사'를 주장하였습니다. 여기에는 개인적 사연이 있습니다. 제가 어렸을 때 읽고 싶은 책이 절판되어서 구할 수 없었던 적이 있습니다. 그래서 "절판될 책은 만들지 않겠다"라고 선언하기도 했습니다. '열량'을 최대한 보존해서 만든 이의 생각을 그대로 전달하기, 그것이 바로 '원점회귀'라고 말해보기도 하고 말이죠.

"우리는 이런 출판사입니다", "이런 일을 목표로 합니다"라고 독자께 말하기도 했습니다. 이러한 저의 외침이 경애하는 서점 경영인과 출판인 여러분에게 전해졌다고 생각하면 기대 이상의 기쁨일 수밖에 없습니다. 기쁜 것이 당연하지요.

저의 말 중 몇 군데에는 반성도 섞여 있습니다. 거기서 시작된 말이 발단이 되어 내부적인 문제를 낳기도 했지요. 그 사실을 최근에야 자각했습니다. 예를 들면 '지유가오카의 명랑한 출판사'라는 말입니다. 창업하고 나서 얼마 되지 않았을 때부터 이 말을 꺼냈는데요. 사원이 늘어나면서 '명랑한'이라는 말이 가진 '유쾌함'에만 휘둘린 것일까요, 혹은 그것을 핑계 삼았던 것일까요. 일하는 한 사람으로서 익히고 싶었던 것(갖추고 싶었던

것)이나 신뢰 관계를 정성껏 구축해 나가기 위해 필요한
요소들을 방치하고 말았습니다.

냉엄한 현실을 인정하자 찾아온 '명랑함'

"도대체 나는 '원점회귀'와 '명랑'이라는 말에 어떤 생각
을 담으려고 했던 것일까?" 스스로 자문하며 17년째인
현시점에서 뒤를 돌아보았습니다. 그러자 처음부터 저
도 그 말을 제대로 알고 사용한 것이 아니라는 걸 이제야
깨달았습니다. 조금씩이긴 하지만 이 나이가 되어서야
겨우 나 자신의 성향, 사고와 행동의 패턴이 그려지는 느
낌입니다. 그 성향이란 이런 것입니다.

처음에, '이쪽이다!' 하고 직감합니다. 그리고 그 직
감이 가리키는 말을 찾아냅니다. 혹은 직감과 동시에 말
을 붙잡습니다. 그렇게 붙잡은 말을 큰 연못에 던집니다.
풍덩. 동심원으로 퍼져 나가는 파문을 보며 천천히 가라
앉는 말의 움직임을 느낍니다. 그럼 말의 주위로 자석에
이끌리듯이 뭔가가 달라붙습니다. 그것은 그 대상에 동
화하도록 반응하는 감도를 높입니다. 그러면 그것들이

그 말을 형성하는 '의미'인 것 같다는 느낌이 듭니다.

그렇게 낚아챈 의미 중 하나가 '작은 장사(소규모 장사)'였습니다. '작은 장사'란 무엇인지 이야기를 시작하기 전에 앞의 이야기로 다시 돌아가 보죠. 저는 왜 처음에 '이쪽'이라고 직감했을까요?

느닷없이 '명랑함'에 다다른 것은 아닙니다. 오히려 곧바로 떠오른 것은 출판업계의 냉엄한 환경이었죠. 제가 출판사에 입사한 시기는 1999년 4월입니다. 마침 출판 불황이라는 말이 막 나오기 시작했을 무렵입니다. 서적 잡지의 총매출은 1996년 약 2조 6천억 엔을 정점으로 꾸준히 하락해 2020년에는 약 1조 2천억 엔까지 떨어집니다(단, 최근에는 코로나19로 인해 외출을 삼가고 집에서 모든 소비 활동을 하는 수요가 늘어난 것과 전자책 시장의 확대로 조금 늘어났습니다). 한편 제가 창업한 2006년까지 해마다 출간되는 신간의 수는 늘어났습니다(연간 약 6만 권이 약 8만 권으로 증가했지만 2013년 8만 2,500권을 정점으로 2020년에는 6만 8,000권까지 감소했지만요).

1990년대 초반에는 이와나미신서, 주코신서, 고단샤신서 등 시리즈가 손꼽을 정도로만 있었는데, 1990년

대 중반이 되자 지쿠마, PHP 창간을 시작으로 2000년대 초반까지는 고분샤, 분슌, 슈에이샤, 신초를 비롯한 여러 출판사마다 시리즈를 만듭니다. 교양 신서뿐만 아니라 생활 신서도 연거푸 창간되고 한 출판사가 두 가지 신서를 출간하는 것이 당연해졌습니다.

그 일이 한창 진행 중일 때 저는 신서 편집부에 배치되었습니다. 당시엔 그 난립 상황을 가리켜 '신서 전쟁'이라고 불렀습니다. 4년 동안 출판사에서 일하며 기획이나 제작에 관여하면서 만든 권수가 80권 가까이 됩니다.

그 후 3년간 다른 출판사에서 단행본을 편집했습니다. 거기서는 이전만큼 책을 많이 만들지 않았습니다만, 편집자 1인당 회사가 요구하는 목표 생산액(책 정가×판매 부수)은 있었습니다. 제가 회사원 시절 겪은 경험과 다른 회사 편집자에게서 들은 이야기를 토대로 결론을 내리면, 출판업계 단행본 편집자로서 계속 일하기 위한 한계선은 대체로 이렇습니다. 연간 생산액(책 정가×총 판매 부수)으로 일억 엔 혹은 연간 출간 권수 10권에서 12권. 물론 훨씬 더 많은 목표 권수(연간 20권 이상)를 기준으로 삼는 출판사도 적지 않습니다. 여하튼 오늘날 회사원으로서 단행본 편집자 일을 하는 것은 매우 힘듭니다. 도무지 쉬운 일이 아닙니다. 그 괴로움, 냉엄함을 두 군데 출판사에서 겪고 뼛속 깊이 깨달았습니다. 어떻게 하든 책 만드는 일은 힘든 일이라는 것, 게다가 앞으로는 책을 편집하는 일만으로는 살아남지 못한다는 것, 영업과 경영 등 모든 일을 해야 한다는 것. 내리막길을 점점 굴러 내려가고 있는 듯한 업계에서 말이죠. 그래서 적어도 매일 일을 하는 동안에는 '명랑'하게 지내자고 생각했습니다.

이러한 제 바람을 담은 것이 '명랑한 출판사'였던 겁니다. 바꾸어 말하면 '명랑함'은 이 업계가 놓인 냉엄한 현실을 인정하지 않으면 실현되기 어렵습니다. 그 현실을 회피해서는 불가능한 일이죠. 저 나름대로 각오했기에 나온 말이었습니다.

작은 장사로의 길

지유가오카의 명랑한 출판사. 이 구호를 내세우며 시작한 회사는 직원이 한 명 한 명 늘며 커졌습니다. 인원을 늘리고 싶다고 생각한 적은 한 번도 없었지만 일이 늘어나니 직원을 늘리지 않고서는 회사가 돌아가지 않았습니다.

하지만 오해하지 말았으면 하는데요, 매출이 늘어서 일이 늘어난 것이 아닙니다. 매출 같은 것이 전혀 없어도 일은 엄청 많습니다. 그런 상태로 미시마샤는 계속되었습니다(아마도 지금에 이르기까지 말이죠).

그게 무슨 의미냐면, 앞서 서점 '직거래'라는 선택을 했다고 썼지요. 그것은 유통 루트가 없는 상태에서 책을 만들었다는 뜻입니다. 책을 만든 시점에서 서점까지 책이 도착하는 경로가 미리 정해져 있는 것이 아닙니다. 우리가 판매 경로 자체를 만드는 것이죠. 그런 일을 통상의 출판사가 하는 일에 추가해서 매일 해야 합니다. 그 일을 게을리하면 아무리 좋은 책을 만들어도 책이 서점으로 갈 수 없는 겁니다.

농업에 비유하자면 이런 느낌일까요. 밭에서 채소를 키웁니다. 거기서 수확한 채소를 전국의 채소가게로 보냅니다. 단, 유통망은 없습니다. 다른 농부는 채소를 생산하기만 하면 JA* 같은 큰 조직이 가지러 와서 농작물을 그들에게 맡기면 됩니다. 그런데 우리는 그게 안 되

---

*일본농협협동조합Japan Agricultural Cooperatives의 약칭.

고 수확한 채소를 손수레나 작은 용달 트럭에 실어 우리 힘으로 각지의 채소가게 하나하나에 납품하는 겁니다.

물론 우리 출판사가 말 그대로 트럭을 몰고 다니며 책을 배송한다는 말은 아닙니다. 주문받은 책은 택배로 보내죠. 그렇다고는 하지만 서점마다 한 권, 한 권 우리 책을 소개하지 않는 한 주문을 받는 일은 없습니다. 즉 (책이) 서점에 가서 놓이는 일은 없으니 '손수 파는 것'이죠. 그 과정에서 업계의 기존 시스템을 거치지 않습니다(시스템이 끼어들 틈 자체가 없습니다).

뒤집어 말해 도매상을 통하면, 자동 배본**이 줄었다고는 해도 몇천 곳이나 되는 서점에서 주문을 받을 수 있습니다. 그러나 미시마샤의 경우 새로운 책이 나올 때마다, 소개하고 싶은 정보가 있을 때마다, 서점에 직접 소개할 수밖에 없습니다. 그 일을 하려면 아무래도 '손'이 필요하죠. 문자 그대로 '손'을 놓으면 서점에 우리 회사의 책이 들어가는 일은 없습니다.

이러한 실천을 '한 권의 책에 혼을 담는다'고 말하게 되었습니다. 앞에서 '가치를 떨어뜨리지 않고 저자의 생각을 그대로 전하는 것이 제가 생각하는 기본'이라고 썼는데요. 출판사로서 '기본'적인 실천 중 하나가 '한 권의

** 서점에서 필요한 부수와 상관없이 대형 유통업체가 자동으로 일정한 부수의 신간을 서점에 보내는 방식.

책에 혼을 담는다'였다는 겁니다.

　그런데 이 비효율적인 실천이 최종적으로는 효율을 낳았습니다. 무슨 의미인가 하면, 출판업계의 관습 중에 '위탁' 제도라는 것이 있습니다. 어디까지나 판매를 맡긴 것이므로 가져간 책을 반품할 수 있습니다. 실제로 오랫동안 업계의 반품률이 40퍼센트라는 말이 떠돌기도 했지요. 효율적인 배본 방식이라고 선택한 거래 방식이 아주 비효율적이었던 겁니다. 이러한 업계 특유의 사정을 고려해 선택한 직거래였지만 당연히 쉽지 않습니다. 예삿일이 아닙니다. 예삿일이 아니라고 느끼는 것을 보면 시스템이 일견 효율적이라는 뜻인 것도 같습니다.

　그런데 먼저 물어야 할 것은 이 시스템이 다음 세대까지 지탱할 수 있는가 하는 것입니다. 다음 세대는커녕 이미 한계에 도달한 건 아닐까 싶습니다(원자력 발전도 똑같죠). 그 '과거 시스템'에 매달리는 것이 아니라 품도 시간도 들지만, 제 손으로 자신의 길을 개척하고 싶었습니다.

　그런 생각으로 대여섯 명의 멤버로 구성된 회사를 운영하던 2009년 여름, 저는 히라가와 가쓰미 씨에게 『작은 장사를 권하다』*라는 책의 집필을 제안했습니다.

＊ 국내에는 『골목길에서 자본주의의 대안을 찾다』(장은주 옮김, 가나출판사)라는 제목으로 출간되었다.

히라가와 씨는 저보다 스무 살 이상이나 많은 1950년생입니다. 원래 변두리에서 공장을 하는 집의 아들로 태어나 도쿄에서 자랐고, 제가 태어난 해에 학생 신분으로 창업을 하고 그 후 몇몇 회사의 사장을 역임했습니다. 그런데 회사들을 차례차례 정리하고 지금은 도쿄의 에바라나카노부에서 '옆집마을커피'라는 카페를 운영합니다. 소탈하고 싹싹한 노인이라는 느낌이 드는 분입니다.

애당초 제가 집필을 의뢰했을 때는 비즈니스 세계에 몸담고 있으면서도 거기에 있는 것이 싫증이 난 시기였다고 합니다(나중에야 히라가와 씨에게 들었습니다). 다시 말해 아직 '작은 장사'로 완전히 키의 방향을 틀지 않은 단계였습니다. 그래서 집필 진도가 좀처럼 나가지 않았던 것 같습니다. 그런데 동일본대지진이 히라가와 씨에게 깨달음을 주었다고 합니다. 그는 '작은 장사'가 재난을 극복하는 하나의 물꼬가 되지 않을까 하는 생각에 이르게 되었다고 저자 서문에 썼습니다. 그 긴 저자 서문에는 다음과 같은 이야기도 등장합니다.

여기서 내가 쓴 "물음에 대한 해답은 사람 수만큼, 회사의 수만큼 존재한다"는 문장의 의미는 동일본대지진 이후에도 통한다고 생각한다. 단 물음의 개수는 재난에 의해 (거의 하나로) 좁혀졌다고 해도 과언이 아니다. 그 물음이란, 우리가 사생활과 회사, 사회와 그것을 관통하는 경제와 철학에 관해서 지금까지 해 왔던 방식으로 계속할 것인가, 아니면 지금까지와는 다른 방식을 찾아내지 않으면 안 되는가 하는 것이다.

—『작은 장사를 권하다』(미시마샤, 2012)

저는 이 원고를 받았을 때 "그래, 맞아. 우리는 지금까지와는 다른 방식을 찾아서 최근 5년 동안 일해 온 거야" 하고 흥분하며 읽었던 것을 생생히 기억합니다.

두 거점 체제로

그 무렵 제가 '작은 장사'와 함께 또 하나 우리 활동의 지침으로 삼은 방향성이 있습니다. 바로 '지방'이었습니다. 애당초 지유가오카 지역에서 출판사를 만든 것도 진보초와 같은 출판업계의 중심지가 아닌 곳이 오히려 새로운 일을 시작하는 데 좋겠다고 판단했기 때문입니다.

동일본대지진이 일어나기 전부터 언젠가는 도쿄를 벗어나서 출판 활동을 하고 싶다고 생각하던 차였습니다.

동일본대지진 직후 때마침 아는 분의 빈집이 있던 교토의 조요시에 임시 사무실을 만들었습니다. 그로부터 수 주가 흐른 후 조금 안정이 될 무렵에 일단 도쿄로 돌아갔지만 조요시의 사무실은 그대로 두려고 결심했습니다. '언젠가' 도쿄 밖에서 출판 활동을 하고 싶다, 지금 우리에게 다가온 이런 기회를 잡지 않으면 그 '언젠가'는 두 번 다시 오지 않을 것이다, 이렇게 생각했습니다.

많은 분이 생명을 잃고 삶의 터전을 빼앗기고 소중한 사람과 물건을 잃어버렸습니다. 너무나도 고통스러운 사태를 앞에 두고 당시 저는 절망에 가까운 무력감에 빠져 허우적대기만 했습니다. 그런 와중에도 저 자신이 할 수 있는 일은 무엇인가를 생각하지 않을 수 없었습니다. 그러한 물음을 거듭하자 시곗바늘을 돌려 예전으로 돌아가지 않겠다는 생각이 강해졌습니다.

도쿄 일극一極 집중 현상과는 다른 흐름을 제 목표로 삼았습니다. 이때 대지진 후에 규명된 후쿠시마 제1원자력발전소 폭발 사고가 준 충격은 특히 예사롭지 않았습니다. 그 충격의 원천은 눈에 보이지 않는 것에 대한 공포와 도쿄의 전력이 후쿠시마에 의존하고 있었다는 사실을 몰랐던 제 무지였습니다. 이를 통해 탈원자력발전은 무조건 해야 한다는 해답에 이르렀고요. 이것은 일개 한 사람, 하나의 회사가 즉시 할 수 있는 일이 아닙니다. 특히 도쿄의 전력이 후쿠시마에 의존한다는 사실은 도시와 지방과의 엄청난 격차, 불균형을 바로잡아 나갈 필요성을 저에게 요구했습니다.

그 과제를 놓고 작은 회사 하나가 지금 바로 할 수 있는 일이 무엇일까? 이러한 물음에 대한 하나의 대답으로서 지유가오카와 교토, 두 거점을 두는 체제를 시작했습니다. 그렇다고는 하지만 도쿄에 중점을 둔 채로 일을 진행하는 셈이었습니다. 도쿄에 거점을 두고선 사회적 사명이니 뭐니 말하는 것이 이도 저도 아니라고 생각할지 모르겠습니다. 아주 당연한 비판입니다. 실로 이것도 아니고 저것도 아닙니다. 확실히 말할 수 있는 것은 이 이도 저도 아닌 것이야말로 우리 자신의 숨길 수 없는 실력이고 현실이라는 점입니다. 만약 그때 도쿄(사무실)를 걷어치웠다면 회사는 유지되지 못했을 것이 분명하기 때문입니다.

도쿄 지유가오카에서 출판을 시작하고 이 장소에

서 저자, 디자이너, 인쇄소, 교정자, 서점 경영자 등 다양한 분들과의 관계를 구축했습니다. 거기서 흐름이 생겨났습니다. 그 흐름이 끊기면 수입이 끊어질 가능성이 있습니다. 그것을 어느 정도까지 견딜 수 있느냐 묻는다면, 당연히 회사에 남는 이윤이 어느 정도이냐에 달렸죠. 미시마샤의 경우 당시에 얼마나 견딜 수 있냐는 질문을 받았다면 "한 달"이라고 즉답했을지도 모르겠습니다. 그만큼 회사 재정이 빠듯했습니다.

앞에서 말한 대로 '경로 만들기'를 포함한 사업을 하다 보니 돈이 줄줄 나가기 일쑤였거든요. 판매 경로를 만드는 일에는 품이 많이 듭니다. 이렇게 품이 드는 만큼 지출이 늘어나고요. 들어오는 돈은 거의 전부 인건비로 나가 버렸습니다. 10년이 지난 지금도 별로 비슷하고요. 역설적으로 들릴 수 있는데, 돈이 없었기 때문에 열심히 움직일 수 있었던 것 같습니다. 몸집이 가벼워서 두 거점 체제를 순식간에 마련한 셈이지요. 이 또한 사실입니다.

두 가지 현실 사이에서

"두 거점 체제는 '두 가지 현실'을 공간적으로 실현한 결과일지도 모릅니다"라고 감히 말한 적이 있습니다. 두 가지 현실이라니, 무슨 말일까요?

　매월 말 발행되는 웹진 『모두의 미시마거진』みんなの ミシマガジン*의 「이달과 다음 달」이라는 코너에는 미시마샤 직원들이 한마디씩 쓴 글이 실립니다. 저도 매월 쓰고 있는데요. 2022년 마지막 날에 이렇게 썼습니다.

　올해도 진심으로 고마웠습니다. 미시마샤에서 열다섯 권, '작은 미시마샤' 브랜드로 세 권의 신간이 나왔습니다. 별 계획 없이 회사를 운영해 왔는데요, 문득 매달 한 권이 넘는 속도로 충실하게 신간이 나온다는 사실을 자각했습니다. 종수 늘리는 것을 생각하지 않고 최적의 타이밍에 '재미'를 구현하는 동시에 우리가 먹고살 수 있을 만큼은 출간해야만 한다는 두 가지 '현실' 사이에서 땀 흘리며 열심히 일한 결과입니다.
　이런 결과는 『밥상』10호 취재 당시 스오오시마의 농가에서 들었던 미야타 씨의 말과 겹쳐서 아주 큰 힘이 되

었습니다. 그는 '흙의 소리'를 들으며 밭에 어울리는 채소를 재배하다 보니 수확량이 늘지 않아 매년 개간을 반복할 수밖에 없었다고 했습니다. 다음 해에도 자연의 은혜를 입을 수 있도록 빌면서 말이죠. 우리도 그렇게 간절히 기원하면서 신년을 맞이합니다. 오는 해도 잘 부탁드립니다. 올 한 해 남은 시간 잘 마무리하시길.

'이렇게 하고 싶다'고 강력하게 바라는 현실 하나. 그리고 책을 만들어 파는, 이것 말고는 돈이 돌 방법이 없는 또 다른 현실 하나. 이것이 두 가지 현실입니다. 두 가지 모두 현실이고 둘 중 하나만으로 사업은 성립하지 않습니다. 유지할 수 없지요. 하나의 현실을 부정하고 다른 하나의 현실만을 선택하면 사업은 아무래도 취약해질 수밖에 없습니다.

예를 들면 교토의 조요시에 사무실이 있던 무렵에는 '앞으로는 지방의 시대'라는 해답을 제가 주창했을지도 모르겠습니다. 그러면 지금까지 제 활동을 응원하던 사람 중에서도 '그렇게 말은 해도……'라고 생각하는 사람이 있었겠지요. '아무리 그래도 지금 이 장소에서 당장 떠날 순 없어'라고 생각하는 거죠. 저희도 도쿄를 완전히 떠나는 선택은 할 수 없었습니다. 그럼에도 남들에게는 '지방의 시대'라고 말합니다. 마치 남의 이야기처럼요.

물론 제 의도는 그게 아니었습니다. 그런데 아무래도 하나의 현실만 도려내는 편이 알기 쉽고 순간적으로는 잘 통하죠. 그로 인해 도쿄를 부정한 형태로, 하나의 현실만을 지지하는 것처럼 (사람들에게) 알려진 것 같습니다. 제 의도와는 달리 이야기가 흘러 버리는 일이 있었습니다. 그렇게 현실과 동떨어져서 필연적으로 얄팍하고 나약한 자가 되는 것은…… 다음엔 반드시 피하고 싶습니다.

두 거점 체제가 미시마샤의 두 가지 현실을 반영한 결과인 것처럼 누구든 두 현실 사이에 있습니다. 우리의 출판 활동은 이 두 현실에 피가 통하게 해야 합니다. 조요시에서 교토로 이전하는 일 등을 거쳐 절실하게 그 중요함을 통감했습니다. 깊은 반성과 함께 생각한 것입니다.

어떤 변화가 필요할까

'작은 장사'와 두 거점을 바탕으로 2011년부터 2018년 3월 말까지, 지금 돌이켜 보면 저 자신도 놀랄 정도로 여러 가지 일을 새로 시작했습니다. 대략 열거해 보면 다음과 같습니다.

- 두 거점 체제 시작
- 대학을 막 졸업한 직원을 채용(2018년 말까지 다섯 명)
- 간사이 사무실을 조요시에서 교토 시내로 옮김
- 미시마샤 서포터즈 제도 시작
- 시리즈 『커피와 한 권의 책』 창간
- 잡지 『밥상』 창간
- 시리즈 『손수 파는 북스』 창간 결정
- 1년 늦은 미시마샤 창업 10주년 기념 파티
  ......
  기타 등등

이런 활동은 소수 중에서도 극소수의 방식이었다고

생각합니다.

'지금 여유가 없어 바닥에 닿을락 말락 한 저공비행. 저공비행에 따른 주변의 변화. 미세한 환경의 변화를 감지하고 재빠르게 대처하기. 그리고 그렇게 변화에 유연하게 대처하려면 긴축 경영을 해야 함. 그런 일에 재미는 불가능.' 마치 세뇌당한 것처럼 저는 이렇게 굳게 믿어왔습니다. 그런데 정말로 그럴까요?

조금만 차분히 생각해 보면 알 수 있는 일입니다. 그렇게 굳게 믿는 것 자체가 '두 가지 현실'에 애당초 맞지 않습니다. '크라프트 - 에빙상회'를 꾸리는 요시다 아쓰히로 씨의 말을 빌리자면 "답은 항상 두 가지"가 있으니까요.

'재미있는 것'을 작은 조직과 회사에서 계속하기 위해서 제가 지금 생각하고 싶은 것은 '그것을 위해 어떤 변화가 필요한가'입니다. "항상 두 가지"는 있다는 해답에서 하나의 '답'을 찾아내고 싶습니다.

지금까지 저는 줄타기 곡예사 같은 존재였습니다. 어쩌다 보니 줄타기를 잘하는 사람이었을지도 모릅니다. 하지만 그것은 두루 통하는 일하기 방식은 아니었지요. 이 깨달음과 반성을 되새겨야 한다고 이제야 비로소 뼈저리게 느낍니다.

이렇게 생각하게 된 과정이 2장의 '여러분께 드린 인사의 기록'에 배어 있지 않을까 생각합니다. 먼저 제가 반성하게 된 이유는 최근 10년간의 일본 사회가 너무나도 역행하고 있다고 생각할 수밖에 없었기 때문입니다. 도쿄올림픽을 둘러싸고 일어났던 담합, 직권 남용, 부정. 이 정도로 예를 들면 충분하겠죠.

히라가와 씨는 동일본대지진으로 말미암아 하나로 모아진 질문을 내놓았습니다. "지금까지 해 왔던 방식으로 계속할 것인가, 아니면 지금까지와는 다른 방식을 찾을 것인가"라고 말이죠. 안타깝지만 신문과 TV의 떠들썩한 뉴스를 보면 그 물음에 대한 대답은 지금까지 해 왔던 방식으로 돌아간 듯합니다.

그런데 이래서는 '재미있는 일'을 계속해 나가는 길이 점점 좁아지고 맙니다. 물론 미시마샤는 계속 변화해 왔습니다. 표면적으로는 정말 많은 실험을 했고, 대책을 강구해 왔습니다. 그러나 변화의 방식 자체는 동일하지 않았을까요. 중앙집권적, 관료적인 '지금껏 해 왔던 방식'을 계속 채택한 사람들과 근본적으로는 큰 차이가 없었던 것이 아닐까요. 물론 미시마샤는 국가나 행정에 의

존하지 않지만요.

　우리는 우리가 잘하는 변화 방식을 채택해 왔습니다. 하지만 문제가 생기면 결국 이전 방식으로 돌아갔지요. 지금 당장은 우리 회사가 추구하는 방식이 특이해 보일지 모르겠지만 시간이 흐르고 우리의 운영 방식에 공감하는 회사가 하나둘 등장하면 결과적으로 '특이함'이 '특이함이 아니게 되는' 것을 목표로 삼아 변화하고 싶습니다. 그렇게 '재미'를 계속 추구하면서요.

　이를 위해 다시 한번 지난 5년간의 저 자신과 회사의 행보와 생각을 돌아보려고 합니다. 아직 깨닫지 못한 힌트나 남겨진 과제를 찾아내어 또 다른 하나의 '답'에 어떻게든 도달하고 싶습니다. 그 마음으로 제가 쓴 글을 함께 다시 읽어 보기로 하지요.

2장
여러분께 드리는
인사

미시마샤에서는 2013년 4월부터 '서포터즈'를 매년 모집합니다. 이 장은 미시마샤 서포터즈분들께만 나눠드린 『서포터즈 신문』에 실었던 내용으로, 제가 매월 손 편지로 쓴 「여러분께 드리는 인사」를 모은 것입니다. 처음 창간한 2018년 4월부터 2023년 1월까지의 글입니다.

다만 이번에는 그 당시 쓴 글에 '비평'을 담은 각주를 많이 덧붙였습니다. 4~5년 전 과거의 저에게 현재의 제가 "어이, 잠깐만. 아무리 그렇다고 해도 비약이 너무 심하지 않아?"라든지 "의외로 좋은 말을 하고 있군" 하면서 덧붙인 '추신'인 셈입니다.

1년 차의 인사

'멋짐'을 추구하지 않는다. 웹 잡지『모두의 미시마거진』을 리뉴얼할 때 디자인을 감수한 요리후지 분페이 씨와의 미팅에서 느꼈던 것입니다.

"미시마 씨, 아무도 미시마샤에 '멋짐'을 기대하진 않아요." 그, 그래……. 실은 리뉴얼해서 '멋진 웹 사이트'가 되면 좋겠다고 나도 모르게 생각하고 있었던 겁니다. 그런데 착각이었습니다(크게 잘못 생각하고 있었어요).

"멋 부리려고 할 때는 자신감이 없을 때"라는 요리후지 씨의 말에 등줄기가 쭈뼛 서는 느낌이 들었습니다. 그렇게 해서 '멋진 미시마샤'에서 '좌충우돌 미시마샤'로 바꾸어 무사히 새 단장을 마쳤습니다.

"외계 생물은 틀림없이 있습니다."
"틀림없이 있죠."

미시마샤와 인연이 깊은 두 분이 단언하는 것을 옆에서 듣고 있었습니다. 그, 그렇구나. 그리고 지금 이 문장을 쓰는 이 순간, 그 생물은 이런 모습을 하고 있을지도!? 하는 생각에 이르렀습니다. 어쩌면 있을지도 모르겠군요.+ 음…….

지구 밖 생물
'미시마'

+　제가 한 말이지만 저도 놀랄 만큼의 이 비약은 뭘까요? 웹 사이트 리뉴얼 이야기하다가 왜 갑자기 외계 생물 이야기로? 일단 편집자라고 이름을 내건 사람이 이 맥락 없는 비약, 도약을 허용해도 될 것인가와 같은 내 안의 편집자 목소리를 억누르며, 필자로서 이 글을 읽고 추신을 덧붙이는 저의 감상은 "이 비약, 재미있다!"입니다. 진짜로.

● **5월의 기적**

2018년 5월 31일(목) 제2호

기적. 후세에 다들 틀림없이 이렇게 말할 것이라고 저는 확신하고 있는데요. 정말 그럴까요? 여러분에게는 이 5월, 어떠셨는지요? 제게는 잊을 수 없는 한 달이 될 것 같습니다.

초순에 에치젠의 오카모토 신사에 '종이의 신'을 만나러 갔습니다.[+] 5월 12일 이와테 모리오카의 사와야 서점에서 열린 마스다 미리 작가 낭독회에서 눈물을 흘린 다음 날 도쿄 아오야마 북 센터 본점에서 한 '수학 북토크'에서 모리타 마사오 씨의 이야기에서 '맨손으로 시작하는 다음 시대'에 대한 확신을 얻었습니다. 그리고 21일부터 23일 아키타에 있는 고조메, 요코테, 우야시나이를 차례차례 방문하고 인구감소, 고령화 사회는 '황금시대'로 가는 절호의 기회라는 걸 알게 되었습니다.[++] 모리타 마사오 씨의 이론이 현실과 만난 것입니다.

그리고 22일 '데우리북스'手売りブックス 시리즈*가 시동을 걸었습니다.[+++] 출판사, 서점 그리고 독자가 맨손으로 새로운 관계를 구축하자는 사업입니다. 서포터즈

---

* '손수 만든 책'이라는 뜻.

여러분과의 관계성이 밑바탕이 되어야 비로소 도전할 수 있는 사업이기도 합니다.

이 한 달 동안의 궤적은 기적을 향한 도움닫기일까요? 아니, 그보다는 신기한 돌멩이를 하나 던진 것이라고 생각하고 있습니다. 자유롭고 재미있는 사회를 꿈꾸면서요.

+　　그때의 일은 졸저인 『펄프 논픽션』(パルプ・ノンフィクション)에 수록하였습니다.
++　　매거진 『밥상』 4호(발효×경제)에서 특집으로 다루었습니다.
+++　　"이 책은 이런 책으로……"라고 직접 독자에게 말을 걸며 판매하는 일을 '손수 파는 것'이라고 말한다면, 서점에도 비슷한 느낌으로 (책을) 닿게 하고 싶다는 생각을 가슴에 품고 고안한 시리즈입니다. 구체적인 방법을 말씀드리자면, 포스트 잇처럼 떼어낼 수 있는 메모지에 서점원과 독자가 메시지나 감상을 씁니다. 그것을 책의 마음에 드는 위치에 붙입니다. 그렇게 하면 세상에 한 권밖에 없는 나만의 책이 만들어집니다. 마치 자신이 만든 것을 판다는 느낌으로 서점에서 그 한 권을 집어 들게 되지요.

● 6월의 별일

2018년 6월 30일(토) 제3호

"6월에는 제 생일이 있습니다" 같은 이야기는 딱히 필요 없죠. 죄송합니다(여하튼 마흔세 살이 되었습니다). 처음에 일했던 출판사에서 신입 사원이었을 때가 스물세 살이었으니 이래저래 20년간 출판 일에 몸담아 온 셈입니다. 그렇게 생각하면 지금 이렇게 재미있게 매일 일할 수 있다는 것이 감개무량합니다. 이것은 결코 당연한 것이 아닌, 아니 오히려 별일인 것이죠.

매일 일어나는 그런 '별일'에 재미가 있다고 정말로, 정말로 그렇게 생각합니다. 얼마 전에 미시마샤 교토 사무실 자리를 빼 줘야만 하게 되었습니다. 있을 수 있는 시간이 길어 봤자 연말까지라는 말을 들었습니다. 자세한 이야기는 생략하겠습니다.

현재 사무실이 있는 교토의 가와바타 마루타마치로 이전하고 나서 만으로 4년. 한곳에 정착하니 진득이 일할 수 있겠다는 실감이 났습니다. 뒷골목의 후미진 장소도 사람들이 조금씩 알게 되고 우리도 점점 애정이 깊어졌지요. 앞으로 2년, 적어도 1년은 여기에 더 있고 싶습

70

니다. 지금은 당장 6개월 후 우리는 어디에 있을지도 전혀 모릅니다. 어떻게 될까요?[+]

앞날을 알 수 없다는 사실까지도 즐기면서 나아갈 수 있기를 바랍니다. 매일의 즐거움이나 재미는 당연한 것이 아닙니다. 그러니 그 기쁨을 잘 음미하면서…….

[+]   지금은 교토 고쇼 지역 동쪽으로 옮겨 자리를 잡았습니다. 좋은 일뿐입니다. 일이란 막상 겪어 보면 생각보다 괜찮은 법입니다.

● 더운 7월

2018년 7월 30일(화) 제4호

……이라고밖에 달리 표현할 길이 없다는 느낌이 듭니다. 집중 호우가 내린 뒤 미시마샤가 있는 교토에서는 열흘 정도 기온이 38도, 39도인 나날이 이어졌습니다. 낮에 바깥에 나가면 산소가 부족한 것 같습니다. 물고기처럼 입을 뻐끔뻐끔해야 할 것 같았다고나 할까요. 죽을 둥 살 둥 한고비를 넘겼다는 것이 솔직한 심정입니다. 가능하면 더는 겪고 싶지 않습니다.

이럴 때는 '더위'를 부채질할 일을 하는 대신 개인으로서도 회사로서도 '멍하니 열을 식히는 것이 최선'이라는 것은 충분히 알고 있습니다만 여러 가지 일이 있었습니다. 한 달의 반 정도는 이벤트로 채운 듯하네요……. 참가해 주신 여러분께는 감사의 마음밖에 없습니다만, 환경적으로는 열기를 더했을 것 같습니다.

내년에는 먼지가 일지 않도록, 또는 더위를 식히기 위해서 길이나 뜰에 물을 뿌리는 회사가 되면 좋겠습니다. 여러 다양한 의미로 물을 뿌리는 회사 말이죠.

그러나 일이란 반드시 생각대로 되지는 않는 법. 저

만 해도 이달에 "더위가 지날 때까지 기다리자"라고 선언해 놓고는 후다닥 교토 사무실의 이전할 곳을 정하거나, 편집자 노자키 씨의 근무처 이동을 정하거나, 내년도 신입 사원[+]을 뽑는 것과 같은 큰 결정을 잇달아 내리고 말았습니다. 제게 '냉철하게' 같은 단어는 무리한 이야기라 전부 몽롱한 상태에서 판단했습니다. 하지만 결과는 제대로인 판단일지도 모르지요.

[+]   나중에 주위에서 '대형 신인'이라고들 하던 스가 군을 채용하기로 결정하였습니다.

이 글을 쓰는 주에는 간사이 지방이 태풍 21호의 직격탄을 맞았고 다음다음 날에는 홋카이도에 대지진이 일어났습니다. 우리 사무실이 있는 가모가와 주변에도 큰 나무가 부러지고 이곳저곳 부러진 나뭇가지들이 흩어져 있습니다. 간사이 지방 여기저기 아직 정전이 이어지고 있고, 홋카이도는 전 지역이 정전되었다고 하더군요. 일주일 전에 갔을 때만 해도 그렇게 활기와 열기가 넘쳤는데 무엇이 잘못된 것일까요. 이 이상 피해가 확대되지 않기를, 무서운 일이 일어나지 않기를 진심으로 기원합니다. 그리고 일상이 조금씩 복구되는 삶이 찾아오기를 바랍니다.

● 아아……

2018년 9월 30일(일) 제6호

바로 조금 전에 있었던 일입니다. 제가 사무실에 돌아와서 의자에 앉아 "자, 일을 해 보자"라고 생각한 순간 A씨가 "사장님, 큰 실수를 하나 발견했어요"라고 중얼거렸습니다. "뭐, 뭐라고?" 잠깐만, 그러면 안 되는데? 하는 말을 안으로 삼키며 "뭔데요?" 하고 미소 지으며 물었습니다. 한 장의 종이를 건네받으니…… '이사 안내 엽서'였습니다. 저자분들께 이미 발송한 엽서였는데, A씨가 가리키는 곳을 보니 이런 문장이 눈에 들어왔습니다.

"기오치気落ち(낙담)를 새롭게 정진하도록 하겠습니다."

헉! 이게 뭐야, 말할 것도 없이 이건 "기모치気持ち(마음가짐)를 새롭게"입니다. 아아……. 제가 손으로 쓴 문장을 타이핑하다가 생긴 실수일 텐데요. 출판사로서는 있을 수 없는 실수죠. '이 정도의 오자도 발견하지 못한 거야?'와 같은 불안감을 저자들께 드린 것이 틀림없었습니다. 이런 중요한 안내문에서 이런 어이없는 실수를 한다고 생각하셨겠죠. 아아, 바로 '기오치'하고 말았

습니다. 낙담한 마음을 이곳에 새로이 남깁니다. 인쇄는
무섭습니다.⁺ 합장!

+　　종이 인쇄물과 디지털 데이터의 차이는 여기에
집약되는 것 같습니다. 무섭다는 것요. 일단 인쇄를
해 버리면 두 번 다시 없던 일로 할 수 없다는 공포. 물
론 데이터라고 해도 로그인이나 다운로드 기록이 남
긴 합니다만, 표면적으로는 바로 수정할 수 있습니다.
이 안이함이 긴장감과 집중력을 잡아먹는다고 생각할
수밖에 없습니다. 작은 실수 하나가 치명상이 되기 십
상입니다. 그래서 신중에 신중을 기합니다. 본래 종이
든 데이터든 일 그 자체에 외경심을 가집니다. 역으로
말하자면 '일'이라고 하는 것은 이 마음을 가진 시점에
서 시작되는 것이죠. 아, 아!

● 단수

스오오시마에 다녀왔습니다.+ 이 섬은 2015년 창간한 미시마샤의 매거진 『밥상』 탄생의 직접적인 계기가 된 곳이기도 합니다. 미시마샤에게는 지유가오카, 교토에 이은 고향이라고 해도 좋을 장소가 바로 이 섬입니다.

　　현재 섬에 사는 9천 세대, 약 1만 5천 명의 사람들이 단수斷水 생활에 내몰려 있습니다. 12월 중순까지도 복구가 불투명하다고 합니다. 왜 그럴까요? 독일에서 온 배가 아주 초보적인 실수를 범해서 본 섬과 스오오시마를 잇는 오오시마 대교에 부딪혀서입니다. 그로 인해 수도관이 끊긴 거죠. 즉 천재지변이 아니라 100퍼센트 인재입니다. 그것도 민간기업이 저지른 경솔한 실수가 원인입니다. 그럼에도 그 회사는 단수 피해 보상 같은 책임을 지지 않습니다. 그 책임을 묻는 논조나 보도도 없습니다.

　　국제 문제로 확대되지 않도록 정부도 언론도 무사안일주의(소극주의)로 일관하고 있습니다. 그렇게밖에 생각할 수 없는 수상한 사태입니다. 이것이 만약 도쿄의 세타가야구* 근처에서 일어났다면 어땠을까요? 복구를 서두르지도 않고 배상 청구를 촉구하는 보도도 하지 않고 잠자코 기다리기만 하는 상황은 분명 없었겠죠. 이렇게 화를 내 봐도 부질없습니다. 도쿄만 번창하면 나머지는 알 바 아니라는 걸까요? 혹은 이 나라로서는 지방이라 할 곳까지 손을 내밀 여유가 없다는 것일까요. 여하튼 "아아, 정말로 국가와 언론 그리고 기업과 같은 근대에 탄생한 틀의 태반이 붕괴[++]하고 있구나" 하고 실감했습니다. 하루라도 빨리 복구되기를 기원하며 우리라도 행동하겠습니다.

---

* 도쿄도 23특별구 중 한 곳으로 특별구 중 가장 인구가 많다. 고급 주택가로 유명하며 한국으로 치면 강남구 같은 지역이다.

+ 　11월 3일 히로시마에서 물을 사서 렌터카에 싣고 스오오시마에 배급했습니다. 그 후 서포터즈와 그 주위 분들의 기부를 받아서 모은 70만 엔을 스오오시마의 지인(나카무라 묘친, 우치다 겐타로 등) 모임에 전달하였습니다. 나카무라 씨와 그의 친구들은 그 돈으로 구입한 물을 배급하거나 주민들이 자유롭게 가져갈 수 있도록 해 주었습니다. 1년 후인 2019년 10월 『밥상』 5호에서 나카무라 씨, 우치다 씨와 함께 「스오오시마의 단수는 '비상시'가 아니었다?!」라는 제목의 특집으로 다루었습니다.

++ 　이 '붕괴'에는 이전에 기능하고 있었던(기능하고 있었던 것으로 보이는) 틀이 있었는데 그 실체가 무너져 내렸다, 혹은 애당초 그 틀 자체가 환상이었다는 의미가 담겨 있습니다.

79

서포터즈 여러분, 이번 제72회 마이니치 출판문화 특별상 수상을 자축합니다. 짝짝짝.

이 상을 수상하게 해 준 책『나는 왠지 떳떳하지 못합니다』(한권의책, 2018)의 저자인 마쓰무라 게이치로 씨를 비롯해 달려와 주신 서포터즈 여섯 분, 미시마샤 직원들과 함께 친잔소 호텔에서 치러진 수상식에 참석하였습니다.

그런데 여기서만 하는 이야기입니다만, 분위기가 좀 너무 딱딱했습니다! 이런 곳에는 출판의 미래가 없겠다, 생각하지 않을 수 없었습니다.[+]

마쓰무라 씨가『나는 왠지 떳떳하지 못합니다』에서 말한 것처럼 '경직화된 세계에 틈을 만드는 시도'가 지금 출판 세업뿐만 아니라 모든 곳에서 요구되고 있습니다. 그렇다면 수상식과 같은 장에서야말로 '틈'이 필요한 거죠. 서포터즈 여러분이 와 주셔서 그 틈이 만들어진 것 같아 기쁩니다. 개인적으로는 미시마샤 티셔츠를 입지 않고 양복을 입고 넥타이를 맨 것을 깊게 반성하고 있습니다.

와시다 기요카츠 선생님이 시상하시며 하신 말씀이 기억에 남습니다. 바로 서포터즈 여러분과 함께 수상했다고 확신한 순간이기도 합니다. "이 상은 출판사도 함께 받는 상인데요. 미시마샤는 이 책에서 말하는 것을 직접 실천합니다. 전국 각지의 서점에 직접 가 책을 가져다줍니다. 그때마다 그 지역에서 할 수 있는 일을 하지요. 작은 일입니다. 그런데 그 작은 일은, 하지 않으면 끝 아닙니까?"

많이 감사드립니다.

+ 건방진 말이군요. 죄송합니다. 그런데 사실 이 정도도 조금은 부드러워진 겁니다. 신입일 때 출판업계 행사에 갈 때마다 "칙칙하다, 칙칙해" 싶더라고요. 딱 봤을 때 집단의 색깔이 회색으로 느껴졌습니다. 그로부터 22년. 조금은 바뀐 듯한 느낌입니다. 그런데 아직, 아직도 어두워요. 겉으로 보이는 화려함이야 늘 었는지 줄었는지 사람에 따라 의견이 갈리겠지요. 하지만 분위기는 아직, 아직도 어두침침합니다. 좀 더 유하게 흘러가도 좋지 않습니까. 흘러가야 만날 수 있고 기분 좋은 세계가 있습니다. 이런 자리에 가는 일은 아주 드물지만 갈 때마다 이런 생각을 하고 맙니다. "그로부터 22년" 이렇게 말하는 저 자신은 무엇이 바뀌었는지? 반성……

올해 미시마샤는 간지干支를 한 바퀴 돌아 다시 1년(13년째)을 맞이했습니다. 언제나 버팀목이 되어 주셔서 정말로 고맙습니다. 새해가 되면 쌓여 있는 앙금과 피로와 어리석은 생각 그리고 "와, 아직 일이 끝나지 않았네!" "앗, 그 사람 연하장 주소 모르겠는데"와 같은 불안이나 고민, 집착이 희한하게도 전부 날아가 버립니다. 마치 모든 것이 해결된 것처럼요. 그러다 보면 자연스레 "아! 올해는 좋은 일이 있을 것 같다"고 생각합니다. 깔끔한 기분으로 말이죠. 그렇게 하면 놀랍게도 돌아갑니다, 돌아가요. 정체되어 있던 일들이 마치 강이 흘러가듯이 움직이며 돌아가는 것이 아니겠어요.

음, 가공할 만한 힘이죠. 새해의 힘. 해가 바뀌는 것만으로 움직이지 않는 돌을 굴리고 정체된 흐름을 일거에 움직이게 하다니⋯⋯라고 감동을 받고 있다 보니, 딱히 대단한 것도 아니네요. 아마도 새로운 해가 되어 이쪽 '마음'이 뜬 것이겠죠. 두둥실 떠오른 기분(마음)과 함께 에너지도 생긴 것이 분명합니다. 그 에너지를 사용해서 움직인 거죠. 그렇게 생각하면 실로 물리적인 현상이라는 생각이 듭니다.[+] 물론 그 물리적인 현상은 1년에 한 번만 있는 것은 아닙니다. 매일 이 순간에도 가능할 겁니다. 야, 오늘도 좋은 일이 있을 것 같아!

[+] 제가 썼는데도 조금 모호하군요. 틀림없이 이런 말을 쓰고 싶었을 겁니다. 기분일신. 심기일전, 새해의 다짐. 이러한 마음과 정신의 고양은 내면의 변화뿐만 아니라 물리적인 변화도 동반합니다. 뇌 안에 있는 시냅스 회로의 일부가 발화한 거죠. 혹은 뇌로부터의 자극이 온몸으로 전해져 근육을 구성하는 세포가 연소한 거죠. 이러한 화학적 변화, 즉 에너지 생성이 일어난다는 가설하에 그 에너지를 써서 정체된 일도 해결했다는 논리와 같은 것입니다.
새삼 생각할 수밖에 없네요. 제가 써 놓고도 뭔 말인지 잘 모르겠단 걸……. 지금이라면 4년 전의 저 자신에게 이렇게 말할 겁니다. 2022년 1월에 나온 와카바야시 리사 선생님의 『기의 이야기』(氣)를 읽으라고 말이죠.

구인 사이트에서 모집한 '영업사무·경리' 담당 직원. 한 달간의 수습 기간을 거쳐서 조금 전에 막 채용을 결정하였습니다. 4월 1일에 새로운 기분으로 교토 사무실로 출근할 예정입니다. 대학을 이제 막 졸업하고 입사한 신입도 그날 함께하게 되어서 단숨에 두 명이 늘어나게 되었습니다. 작은 배에 이만큼 타도 괜찮은 걸까(총 열네 명) 싶어 물론 걱정이 따르긴 합니다만 훌륭한 사람들과 즐겁게 항해하는 것 이상의 기쁨은 없습니다. 그 기쁨을 따라가다 보면 틀림없이 배는 순항하게 되겠지요. 지금까지도 그렇게 해 왔고……. 그렇게 믿으며 지금부터 4월 1일이 오기를 기대하고 있습니다.

이번 채용+에 실로 많은 분이 지원해 주었습니다. 가능한 한 많은 분과 만나려고 노력했는데요, 남다른 생각을 가지고 지원해 주신 분들과도 만났습니다. 그러한 분들의 생각도 제대로 받아들여서 앞으로의 출판 활동에 반영해야겠다고 굳게 다짐하는 기회도 되었습니다. 서포터즈 여러분의 생각, 지원해 주신 여러분의 생각,

84

독자의 생각……. 이러한 생각을 모두 작은 배에 싣고 오늘도 나아갑니다.

+   결국 이때 채용한 인물은 약 1년 후 퇴사하게 됩니다. 많은 일이 겪어 보지 않으면 모릅니다. 아주 열심히 해 주었습니다만, 그 시점에서는 우리 쪽에서 좀 더 친절하고 정성스럽게 알려 주거나 가르쳐 줄 여유가 없어서 꽤 고생시켰다고 반성할 따름입니다. 다만 제 안에서는 그와 함께 출장과 합숙을 가는 등 즐거운 추억이 곧잘 떠오릅니다. 그리고 입사해 함께 일하고자 용기를 내어 준 그 마음을 생각하면 뜨거운 감정이 북받쳐 오릅니다.

2월의 화두를 한 단어로 표현하자면 확실히 '몸'입니다. 일찍이 독감에 2년 연속 걸려서 상태가 좋지 않습니다. 괴롭습니다. 재빨리 복용한 타미플루가 효과가 있었는지 하룻밤 정도 고열로 떨었을 뿐 그다음에는 꽤 편했습니다. 참고로 말씀드리면 작년에는 '이나빌'이라는 분말 흡입약을 코로 흡입했습니다. "한 번 복용으로 끝납니다"라는 의사의 권유로 사용했습니다만 이미 오른 열과 충돌해서 엄청난 전투가 몸 안에서 펼쳐졌습니다. 급기야는 인생 처음으로 환각을 맛보는 고통까지……. 그때를 생각하면 올해는 꽤 편했다고 할 수 있습니다.

희한하게도 한번 걸리고 나면 이제는 괜찮을 거라고 안심이 되어서인지 마음도 풍선처럼 가벼워집니다. 그렇게 회복한 몸으로 만전을 기해 모리타 마사오 씨의 『수학의 선물』 완성을 위해 집중하는 나날이 이어졌습니다. 그렇게 약 3주…….

평온하게 가볍게. 평소에 그렇게 있고 싶다고 생각했습니다만 이번만큼은 상상 이상으로 꽤 힘들었던 모양입니다. 데이터를 인쇄소에 넘긴 순간, 디자인을 담당하였던 요리후지 분페이 씨와 "후우……" 하고 긴 한숨을 토해냈습니다. 제가 "겨우겨우 몸통까지 왔습니다"라고 말하자 "그렇죠. 책의 장정을 만들고 있다기보다 모리타 마사오의 '살갗'을 만들고 있는 느낌이었어요"라고 요리후지 씨가 답했습니다. "정말로!" 하며 두 사람이 크게 고개를 끄덕인 것은 두말할 필요가 없습니다. 우리의 '몸'에서 한 권의 책이라는 새로운 '몸'이 탄생한 한 달이었습니다.+

+   모리타 씨의 『우연한 산보』(偶然の散歩) 작업을 할 때도 똑같이 요리후지 씨와 마감한 후 입 모아 "온천이라도 가고 싶군요"라고 말했습니다.

올 한 해 미시마샤의 버팀목이 되어 주셔서 정말로 고마웠습니다! 저희도 놀랄 정도로 좋은 출판 일을 할 수 있었습니다. 물론 두루 부족합니다만 확실히 성장했다는 것을 실감합니다. 확실히 느껴요.

책 만드는 데 집중해 한 권 한 권 세세한 부분까지 신경 쓰며 퀄리티를 올릴 수 있었습니다. 마음을 담는 것은 지금까지도 쭉 계속해 왔고 앞으로도 변하지 않을 것입니다. 거기에 기술적인 면으로도 수년 전에는 할 수 없었던 일을 조금씩 할 수 있게 되었습니다. 편집자 생활 20년을 맞이한 저 자신이 제일 잘 압니다. 몸이 "와우!!"라고 느끼며 반응하거든요.

이렇게 된 이유 중 하나로 신입 사원인 노자키 씨의 성장이 있습니다. 작년 7월부터 제작에 참여하게 된 노자키 씨가 부지런히 힘을 보태며 우리 출판사가 책 만드는 데 대단한 활약을 하고 있습니다. 『태아의 이야기』, 『수학의 선물』 완성도를 보시면 아실 겁니다. 노자키 씨도 2년 차가 되어 이 『서포터즈 신문』 제작에서 졸업합니다. 4월호부터는 신입 사원 스가 군이 담당합니다. 여러 의미에서 대형 신인입니다! (웃음) 그저 무심코 (웃음)을 넣고 싶은 남자입니다. 부디 멀리 봐 주시길 부탁드립니다. 다시 한번 올 한 해 고마웠습니다.

2년 차의 인사

● 행복

2019년 4월 30일(화) 제13호

4월은 '행복'을 맘껏 느끼는 달이었습니다. 7일 '이 학교'(고노 요시노리 vs 모리타 마사오)라는 라이브 이벤트로 시작해서 11일에는 '행복한 끝말잇기의 밤' 행사를 간토(도쿄), 간사이(교토) 두 사무실에서 동시에 개최해 서점원 분들과 함께 『행복은 이어달리기』[+] 저자인 마스다 미리 씨, 디자이너인 오오시마 이데아 씨도 달려와 주어서 함께 '끝말잇기'를 했습니다. 그리고 28일에는 요리후지 분페이 씨와 '오오! 스오오시마'[++]를 개최했고요 (스오오시마에 계신 농부 겸 승려인 나카무라 묘친 씨에게 사회를 부탁했습니다).

미시마샤가 주최한 것은 앞에서 말씀드린 두 가지였지만, 세 행사 모두 특별한 장이었습니다. 와 주신 분들이 진심으로 기뻐하는 것을 온몸으로 느낄 수 있었습니다. 이런 자리를 주최하거나 참여할 수 있는 것에 깊은 행복을 느낍니다.

저자들과 보내는 농밀한 시간. 그 체험은 우리 안에서 부지불식간에 당연한 것이 되어 가겠죠. 하지만 이

92

를 라이브라는 장에서 공유하니 이만큼 기뻐해 주실 거라곤 생각지 못했습니다. 이만큼 절실히 원해 주셨던가, 하고 통감하지 않을 수 없었지요.

뒤집어서 말하면 우리는 어떻게 이런 혜택을 누릴 수 있는 것일까요. 그것도 오로지 서포터즈 여러분이라는 버팀목이 있기 때문입니다. 우리가 누리는 은혜를 제대로 된 한 권의 책으로, 그리고 한정적이긴 합니다만 라이브의 장을 통해 전해 드리겠습니다.

+ 여담이지만 이 책 목차는 소제목으로 '끝말잇기'를 합니다. 이 소제목 만들기는 지금 생각해 봐도 편집 인생에서 가장 즐거운 작업 중 하나였어요. 아, 또 하고 싶어요.
++ 2023년에는 여기서의 성과를 책으로 만들고 싶습니다.

● 반성문

2019년 5월 31일(금) 제14호

5월 연휴는 길었죠. 우리는 열흘을 다 쉬지는 않았습니다만 세상 분위기가 완전히 그랬습니다.* '잘은 모르겠지만 왠지 쉬지 않으면 안 되는 분위기'가 만연했습니다. 연휴 5일째 정도까지는 그 분위기에 감염되지 않은 파가 아직 암암리에 활약하고 있었습니다(우리 미시마샤도 그 일파……). 그런데 7~8일째 정도부터 "음…… 그럼 좀 쉬어 볼까" 하고 마음이 해이해져서 9~10일 째는 "아, 휴일이다. 휴일!"이라며 근처도 안 간 온천에 몸을 담근 기분이 되고 말았습니다. 깨닫고 보니 나라 전체가 '휴일 기분'이었던 셈이죠. 너무나도 말이죠. 그것도 연휴의 마지막 날에.

이후 한 20일은 10일에 걸쳐 퍼진 '휴일 분위기'에 젖어 지냈습니다. 아니, 물론 일하고 있었습니다. 아니, 아주 많이 일했습니다. 그런데 세상 분위기가 완전 온천입니다. 마사지입니다. 바캉스입니다.

그런 기분에 휩쓸려 몸을 담그며 『호호호좌의 반성문』ホホホ座の反省文이라는 책을 완성했습니다. 아마도 그럴

---

* 2019년에는 일본의 공휴일이 몰린 골든 위크 기간에 천왕 즉위일과 대체공휴일까지 더해져 역대 최장인 10일간의 연휴가 이어졌다.

때의 분위기가 가득 담긴 한 권의 책이라는 느낌이 듭니다. 그런 결과 이 책에 딱 걸맞은 맛이 들었다는 느낌이랄까요.

두 분의 저자에게는 죄송한 마음이 들지만…… 이 달에만 만들 수 있었던[+] 유일무이한 책이다! 싶기도 합니다.

[+]　'책은 생물 같다!' 이 글을 다시 읽으며 절감합니다.

머지않아 미시마샤의 새로운 브랜드 '작은 미시마샤'가 출항합니다. 아주 미미한 한 걸음이긴 합니다만 출판이라는 세계가 앞으로도 계속되기 위해서 우리가 내딛을 수 있는 한 걸음임은 틀림없다고 생각합니다. '적어도 그래야 한다'고 생각하며 시작하겠습니다.

구체적으로 설명하자면 조금 높게 가격을 정하고 소량 부수로 책을 냅니다. 그리고 서점에 매절 조건으로 공급률 55퍼센트에 거래합니다.[+] 즉 많은 독자가 아니라 소수 독자의 손에 농밀하게 전달합니다. 그 한 권을 판매함으로써 서점의 이익도 제대로 확보하는 겁니다. 그동안 미시마샤 책은 70퍼센트로 거래를 해 왔지만, 그보다 15퍼센트나 더 서점 이익을 늘렸습니다. 물론 그만큼 미시마샤의 이익이 줄어듭니다. 15퍼센트 감소는 꽤 타격이 큽니다. 하지만 독자, 서점, 출판사가 어떻게 공존할 것인가 하는 방법을 모색할 때 우리 살을 먼저 깎지 않고는 실마리가 전혀 보이지 않는다고 생각해 그렇게 결정했습니다.

물론 잘 될 것이라는 확신이 있던 것도 아닙니다. 오히려 어떻게 될지 알 수 없지요. 단 "그 방향으로 갈 수밖에 없다"는 확신만큼은 있습니다. 대량생산, 대량소비의 시대가 끝나고 도래할 다음 시대의 모습으로요. 1출판사 2조건[++]의 사업. 이러한 도전을 할 수 있는 것도 서포터즈 여러분 덕분입니다. 진심으로 고맙습니다.

+   그 후 60퍼센트로 인상했습니다……. 서점 관계자 여러분 죄송합니다. 실험은 시험 제작과 가설을 거듭해 이뤄집니다. 한달음에, 정답에 도달하는 일은 없어요. 지금도 가능하면 50~55퍼센트로 해 드리고 싶습니다. 그러려면 시장에 '책은 어느 정도 비싼 물건'이라는 공통의 인식이 좀 더 퍼질 필요가 있습니다. 동시에 서점이라는 소매의 통념에서 '매절'이 좀 더 일반화되어야 합니다. 일진일퇴를 거듭하면서도 '즐거운', '재미있는' 방향을 향해 갈 수 있다면 기쁘겠습니다.
++   이것만으로는 부족했다고 최근에 반성했습니다. 1출판사 2조건. 단, 한 서점에는 한 가지 거래 조건을 전제로. 하나의 서점 거래 방식에 매절과 위탁이 혼재하면 경리부 여러분의 부담이 커집니다. 그 시점이 되면 매절 서점에는 이런 조건, 위탁 서점에는 저런 조건, 하는 식으로 구분해야 한다고 생각합니다.

무더위. 뭔가 반성할 일이 많은 여름입니다.

　먼저 첫 번째는 예정했던 『호호호좌의 반성문』 출간 기념 이벤트가 취소된 것입니다. 행사장인 '카페 마르타'를 비롯해 기대하고 계셨던 분들에게는 용서를 빌 길이 없습니다. 당일 다른 이벤트가 교토에서 있었고, 안내가 늦었고…… 등등의 이유가 겹쳐서 취소를 결정했습니다. 있어서는 안 되는 일이었습니다. 이번 이벤트를 담당했던 W씨, T군에게는 깊은 반성을 촉구하겠습니다 (물론 저도!).

　두 번째는 새로운 브랜드 '작은 미시마샤'에서 출간한 『나카노 교수의 슬슬 오사카 이야기를 하죠』仲野教授のそろそろ大阪の話をしよう에 오자가 있었습니다. 그 책의 156쪽 그림이 그렇습니다. 마감 직전에 사진을 넣자고 갑작스럽게 정하는 바람에 일어난 실수입니다. 사진을 싣지 않았다면 '기시와다의 무라사메*'라는 설명이 적절했을 겁니다(기시와다 출신인 에 씨의 발언이니 당연하죠). 사진을 넣자고 말한 것은 그러니까…… 접니다. 담당은

---

* 팥, 설탕, 쌀가루를 원료로 만든 오사카 기시와다 지역의 명물 화과자.

입사 2년 차인 노자키입니다만, 시간이 전혀 없는 와중에 정말로 잘 대처했습니다. 역으로 지나치게 대처를 잘해서 일어난 실수라고 할 수도 있습니다. 노자키는 전혀 잘못이 없으니 책망하지 말아 주세요.

『나카노 교수의 슬슬 오사카 이야기를 하죠』는 소량 제작 브랜드로 기획하였지만, 결론적으로는 초판을 5,500부[+] 찍기로 했습니다. 음, 역시 좀 많았다……. 반성의 여름.

[+]   전혀 소량이 아닌 이런 초판 부수를 정한 것도 저. 무슨 생각이었을까요? 소량 제작 브랜드의 의미를 이해하지 못했다고 생각할 수밖에요.

「사장과 신참」(미시마가 라디오)으로 익숙한 스가 군. 『서포터즈 신문』도 그가 담당해 제작하고 있습니다. 바로 그 스가 군. 대형 신입 사원이라는 사전 홍보는 빈말이 아니었습니다. 추석을 넘긴 주말 금요일 밤. 한 주의 일을 끝내고 한숨 돌린 그는 라면집에서 야식을 먹고 귀갓길에 올랐습니다. 아이고, 오늘 하루도 길었다, 중얼거리며 문을 열려고 했는데 어? 어라, 어라……? 바지 주머니를 아무리 뒤적이고 옷 위를 더듬어 봐도 아무것도 없는 게 아닙니까.

서,설마……!라며 그가 외쳤는지 아닌지는 모르겠습니다. 그런데 '설마……' 정도의 말이라도 했으면 하는 것이 저의 바람입니다. 네, 맞습니다. 스가 군. 열쇠를 잃어버리고 만 것입니다. 집 열쇠뿐 아니라 회사 열쇠도……. 나중에 물어보니 평소 열쇠는 지갑에 넣어 두었다는군요. 음…….

미시마샤에서는 소위 사원 교육은 하지 않습니다. '조금씩 다듬어지기'보다 '큼직큼직 성장하기'를 바라기 때문입니다. 그런데…… 이번 일로 생각했습니다. 분명 저는 열쇠를 건넬 때 "열쇠는 말이지…… 아주 중요하단다"라고 말하지 않았습니다. 그렇게 말했다면 달랐을까요. 음…… 생각지도 못한 일을 만드는 것이 신입의 역할. 그런 의미에서 지금 그는 왕도를 걷고 있습니다. 기대됩니다![+]

[+]   스가 군은 2019년 4월 입사 이후 지금은 영업팀에서 활약하고 있습니다. 이 책 『재미난 일을 하면 어떻게든 굴러간다』의 자매판인 『여기서만 선보이는 미시마샤』(서포터즈 한정 선물이라 비매품임)에서는 디자이너로 데뷔합니다. 괜찮을까요? 과연 작품으로 탄생할까요?

이번 호 지면에 넘치는 단어. 그것은 두말할 필요 없이 '밴드'. 10월 20일에 출간한 『밴드』バンド는 미시마샤에서는 『행복은 이어달리기』 이래 처음으로 초판을 대량으로 찍습니다. 말 그대로 사운을 걸고요.

물론 알고 있습니다. 경영 측면에서 말하면 너무, 자주, 사운을 걸면 안 되죠. 풍파를 일으키지 않고 묵묵히 매일매일 일과 마주해야 일을 괜찮게 할 수 있는 거죠. 잘 알고(는) 있습니다. 아무래도 우리는 작은 배니까요. 그럼에도 때로 대형선이 하는 항해(대량 부수)에 도전하지 않으면 안 됩니다. 그리고 이런 대항해는 원해서 그렇게 되는 면과 흐름을 타다가 문득 자각해 보니 그렇게 되는 두 가지 측면이 있습니다.

작은 배로 대항해를 하려고 하면 리스크가 아주 커지는데, 그것은 피할 수 없는 노릇입니다. 이럴 때는 필연적으로 사운을 걸게 되죠. '팔리지 않는' 일이 절대로 있어서는 안 되는, 배수진을 친 나날이 시작됩니다. 그것이 바로 지금입니다.

매일 '나무아미타불'이라고 소리를 내고 축사를 읽고 "아아, 신이시여"라고 말해 보기도 하죠. 여하튼 '팔릴 수 있도록' '잘 팔리도록' 애쓰고 있습니다. 이 마음, 어떻게든 전달되었으면 좋겠어요. 적어도 서포터즈 여러분에게만큼은 꼭 전달되기를…….[+]

주위 분들에게 척척 선물해 주신다면 이 이상 감사한 일도 없습니다. 정말 재미있는 책이니까요. ←이것이 중요합니다.

[+] 구독해 주신 여러분께 정말로 감사합니다. 덕분에 잘 팔리고 있습니다.

올 한 해가 앞으로 한 달 남았습니다. 이 신문이 여러분 손에 도착할 무렵에는 정말 얼마 남지 않았겠군요. 올해 는 서포터즈 여러분에게 어떤 해였을까요? 미시마샤의 올해를 한 글자로 표현한다면 '새로움'이라는 말로 대신 할 수 있을 것 같습니다.

우선은 신입 사원이 입사했지요. 서포터즈 여러분 은 모두 아시겠지만 대형 신입 사원 스가 군입니다. 그가 입사함으로써 분명히 새로운 바람이 불어왔습니다. 어 느 출판사에도 없는 분위기의, 사회인 냄새가 전혀 나지 않는 신입이 들어와서 우리가 일하는 방식, 평범하게 진 행되는 일의 방식이 전문가다운 방식으로만 흐르는 것 을 면했다고 생각합니다. '열린 출판사'가 된 셈이죠. 신 입 사원이 큰 기여를 했습니다.

또 하나는 새로운 브랜드 '작은 미시마샤'를 시작했 습니다. 아직 작은 한 걸음이긴 합니다만, 출판업계가 새로운 차원에 돌입하기 위한 한 걸음을 내디뎠다고 생 각합니다.

이것들 이외에도 더 있긴 합니다만…… 특히 이 두 가지는 서포터즈 여러분이라는 버팀목 없이는 있을 수 없었습니다. 정말로 큰 격려와 힘이 되었습니다.

내년은 또 다른 새로움이 이어집니다. 신입. 신 시스템 개발…… 어떻게든 출판이 좋은 방향으로 흘러갈 수 있도록 내년에도 전력을 다하겠습니다. 계속 잘 부탁드리겠습니다. 올해도 감사했습니다.

2020년 새해 첫 서포터즈 신문을 이렇게 배달할 수 있어서 아주 기쁩니다.

올해는 몇 번이나 전해 드린 대로 영업 업무와 미시마샤 직거래 영업을 근본부터 새롭게 하는 시스템을 완성하겠습니다.[+] 4월부터 시작하려고 지금 전력을 다해 개발하고 있습니다. 이 플랫폼이 완성되면······ 환경이 바뀔 겁니다. 자칫 어두워지기 쉬운 서점과 출판사의 분위기가 쇄신될 겁니다. 예를 들어 미시마샤로 말하면 월말, 월초에 7~10일 정도 걸렸던 결제 청구 업무가 한나절이면 끝납니다. 영업 사원이 광고지를 만들고 서점에 소개하는 일은 바뀌지 않지만 이전처럼 팩스로 보내는 일은 없어질 겁니다(그렇습니다. 이 업계는 여전히 지금도 팩스입니다).

이러한 자그마한 커뮤니케이션 하나를 강구하더라도 편리하고 간단히, 무엇보다도 즐거움을 목표로 하겠습니다. 고대의 시스템에서 근미래의 시스템으로요. 다른 작은 출판사 여러분도 널리 사용해 주세요. 이것만으로도 분위기가 꽤 밝아지리라 생각합니다.

　그렇게 믿으며 매일 열심히 하고 있습니다. 우리들의 발밑에서부터 변화하도록, 변화시킬 수 있도록, 꼭꼭 따뜻하게 지켜봐 주시면 고맙겠습니다. 올해도 잘 부탁드립니다.

+　서점과 출판사를 연결하는 도서 주문 플랫폼 '한 권! 거래소'를 2020년 6월에 시작했습니다. 그런데 이때 쓴 "미시마샤 직거래 영업을 근본부터 새롭게 하는 시스템"은 완성은커녕 아직 착수도 하지 못하고 있습니다. 천 리 길을 통감하고 있습니다.

지금까지 약13년 6개월 동안 한 권의 책에 혼을 담는 '일 책입혼'一冊入魂의 출판 일을 계속해 왔습니다. 책을 만드 는 회사로써 앞으로도 쭉 이 정신을 관철하고자 합니다. 그것을 위해서…….

지난달 호에서 쓴 대로 '새로운' 시스템을 개발하고 있습니다. 당초 미시마샤 내의 영업 시스템을 편리하게 하려고 시작했습니다만, 지금은 넓게 보아 업계의 미래 에 공헌하는 사업이 될 것 같습니다. 그 말인즉슨 우리만 위해서 쓰기는 너무 아깝고 무엇보다도 널리 공유하면 비로소 우리 책도 살게 될 거라 생각하기 때문입니다.

뒤집어서 말해 보자면, 지금 '우리만은 어떻게든 해 나갈 수 있다' 같은 느긋한 말을 하고 있을 상황이 아닙 니다. 서점이 없어지면 출판사는 책을 만들어도 팔 수가 없습니다. 출판사가 없어지면 서점에서 팔 수 있는 것이 없어집니다. 출판사도 서점도 '소규모라도' 많이 있어야 제각각 살아갈 수 있습니다……라고 좀 비장하게 말해 봅니다. 어쨌든! 그렇게 보장할 정도로 이번 시스템은 훌륭합니다. 무엇보다도 개발하다 보니 너무 재밌어서 어쩔 줄을 모르겠습니다. 서비스명 후보는 '한 권!', '한 권 거래소!⁺', '한 권 지배인', '한 권 마켓'⁺⁺…… 점점 재미있습니다. 많이 기대해 주시기 바랍니다!

+   이 시점에서 저는 대표이사고, 엔지니어인 지인이 대표를 맡게 되었습니다.
++   지배인, 마켓…… 그런 이미지를 떠올렸구나, 하고 옛 생각을 떠올리며 읽었습니다.

● 변화

2020년 2월 29일 (토) 제23호

이 글을 쓰고 있는 지금 신종 코로나바이러스의 위협이 몰아치고 있습니다. 앞으로 어떻게 될지, 언제 종식될지, 전혀 알 수 없습니다. 단, 확실히 말할 수 있는 것은 '불안'만 만연해 있다는 것. 눈에 보이지 않는다는 공포와 앞이 보이지 않는다는 불안이 '공기'가 되어 저 혼자 걸어 다니고 있는 것 같아 견딜 수 없습니다. 그야말로 '비상시'의 공기이죠. 그런데 문득 생각하게 됩니다. 우리는 평소에도 그런 것이 아닌가 하고 말이죠.

미시마샤의 일상을 가져와서 말해 보자면 매일, 일년 내내 앞이 보이지 않는 상태입니다. 게다가 출판 일은 바이러스는 아니지만 늘 눈에 보이지 않는 것(내용)과 마주하는 일이기도 합니다. 그 눈에 보이지 않는 것을 발효시켜서 하나의 형태(책)로 만듭니다.

이러한 상태로 일상을 이어가다 보면 계속 바뀌는 것이 당연한 일이 됩니다. 겉으로 안정적으로 보이는 것도 매일 아주 세세하게 계속 변화하고 있기 때문입니다. 시대에 휩쓸리지 않되 시대의 변화에 대응하는 거죠.

이 코로나19 사태를 계기로 서포터즈 여러분의 일상도 그런 쪽으로 전환해 보면 어떨까요+. 꽤 즐거운 나날이 기다릴지도요. 그걸 안정되었다고 할 수도 있겠습니다만…….

+　서포터즈 여러분에게 제안하기 전에 자기나 걱정하라고 말하고 싶군요. 당시의 미시마에게 "남 걱정할 때가 아니야!"라고 말이죠.

● 관용

2020년 3월 31일(화) 제24호

일전에 교토의 어느 카페에서 원고를 쓰고 있었는데 옆 좌석에서 노부부와 따님(이라고 해도 60대)이 "젊은이들이 (코로나바이러스를) 막 뿌리고 다니겠지?", "증상이 없는 사람이라도 감염시킨다고 하더라", "정도껏 했으면 좋겠어" 하는 이야기를 나누고 있었습니다. 그 이야기를 옆에서 들으면서 "아뇨. 여러분도 마찬가지예요. 물론 저도 포함해서요. 누구든지 감염자일 가능성이 있습니다. 그 점에서는 남녀노소, 모두 똑같습니다." 이런 말이 목구멍까지 차올랐습니다. 그런데 그때는 꾹 삼켰습니다. 아니 카페에서 논의하기에는 '사회적 거리'가 너무 가까우니까요. 그리고 무엇보다도 이렇게 자신을 쏙 빼고 말하거나 정보가 한쪽으로 치우친 사람들에게도 관용적으로 대하는 것이 중요하다고 생각했기 때문입니다.

이러한 위기의 시기야말로 아오야마 유미코 작가가 말하는 "아주 조금이라도 당사자가 된 마음"이 필요합니다. 평소 모든 것에 '조금이라도 당사자가 된 마음'으로 접근하며 길러온 습관과 지혜가 이번에도 아주 크게 도움이 될 것입니다. 왜냐하면 전혀 눈에 보이지 않는데도 이 정도로 '완전히 당사자'인 경우도 그렇게 많지 않을 테니까요.

중요한 것은 '나만 괜찮으면 된다'는 생각을 버리는 것입니다. 동시에, 저도 그렇지만 그럼에도 카페로 나가는 자신의 '나약함'을 인정하는 것. 손님이 '0'이 되기를 바라는 사회 분위기 속에서도 가게를 계속 운영해야 하는 상황이 있다는 것을 인정하는 것.

정부의 도움이 없는 이상 한 사람 한 사람이 삶터와 일터에서 서로를 도울 수밖에 없습니다. 지금까지 해 본 적이 없는 공생을 실현해 나갈 수밖에 없습니다. 이를 위해 모든 지혜와 기술과 경험을 총동원할 필요가 있습니다. 그래서 관용과 미소를 잊지 않고 싶습니다.

3년 차의 인사

● 약속

안녕하세요. 서포터즈가 되어 주셔서 진심으로 감사드립니다. 지금 이렇게 여러분에게 편지를 쓸 수 있어서 아주 기쁩니다. 이 기쁨에는 두 가지가 있습니다. 먼저 실제로 글을 쓰면서 여러분이 버팀목이 되어 주신 것을 실감할 수 있으므로 그렇습니다. 이 기쁨이 하나, 또 하나는 회사가 '있기에' 편지를 쓸 수 있다는 기쁨인데요. 뒤집어서 말하면 '없을지도' 모를 상태였기 때문입니다……. 절체절명이었죠. 이유는 간단합니다. 제가 자금 유통을 소홀히 해서 자금을 구하는 일을 하지 않았기 때문이죠. 돈에 휘둘려서는 안 된다는 이상한 고집을 부려서…… 아주 반성하고 있습니다. 더는 두 번 다시 이런 일이 없도록, 서포터즈 여러분께 약속하겠습니다!

● 파파 ~

2020년 5월 31일(일) 제25호

서점의 휴업이 이어져서 저희의 혼을 담은 책들을 독자 여러분에게 전할 기회를 놓쳤습니다. 당연히 일하는 저희에게도 매출 대폭 감소라는 사태가 현실로 다가왔습니다. 그런 와중에 서포터즈 분들의 응원은 말 그대로 물심양면으로 큰 버팀목이 되고 있습니다. 진심으로 감사드립니다.

여러분 덕분에 경영상의 위기는 피할 수 있었습니다. 그 소식은 요전 편지에서 전해 드렸는데요. '자금 융통을 제대로 하자'고 진심으로 생각하게 된 것이 개인적으로는 컸습니다. 이렇게 많은 분이 응원해 주고 있는데 경영의 기반이 흔들려서는 안 된다고 크게 반성하는 중입니다. 두 번 다시 이런 걱정을 끼쳐드리지 않겠다! 결심하자마자 참으로 희한한 게…… 점점 재미있는 일이 모양을 갖추어 가는 것이 아니겠습니까.

MSLive!⁺라는 온라인 강좌와 강연 사업이 갑자기 움직이기 시작하였습니다. 5월에 나온 미사고 치즈루 선생님의 『자신과 타인을 용서하거나 사랑하는 법』自分と

他人の許し方、あるいは愛し方이 큰 반응을 얻었고, 염원하던『파파 패널』パパパネル이 완성되었습니다.++ 상세한 내용은 이 신문을 보시면 될 텐데요. "파파~"라고 소리 내어 말하면 그것만으로 공간에 활기가 넘친답니다. 코로나로 정체된 공기, 나쁜 기운을 쓸어버리는 데도 효과적입니다. 세대를 넘어서 즐길 수 있으니 꼭 함께하시죠! 파파~!

+ 2020년 5월에 MSLive!에 기고한 글을 여기에 가져오겠습니다.

「기다리는 사람이 있는 곳에 확실한 말을– 원점회귀의 출판 활동」

코로나19 감염 위기가 계속되는 나날, 어떻게 지내시는지요? 좀처럼 앞이 보이지 않습니다만, 우리 책과 출판 활동이 조금이라도 여러분 일상에 색채를 더할 수 있다면 이보다 기쁜 일은 없습니다. 그런 생각으로 요전에 미시마샤 라이브(통칭 MSLive!)라는 온라인 이벤트를 적극적으로 열기로 정했습니다. 승부를 결정지을 만한 히든카드 이벤트는 '이날의 학교'(4월 19일)와 '팬데믹을 사는 마음가짐'(4월 25일)이었습니다. 참가한 여러 분들에게서 이벤트를 개최해 주어서 고맙다는 기쁨이 넘치는 이야기를 많이 들었습니다. 정보가 난무하는 요즘 시대에 이런 선명한 목소리가 필요했다는 의견도 있었습니다. 그런가? 그렇구나! 제 마음속에서 그 순간 "이거야, 이것이야말로 출판의 원점회귀다"라는 생각이 들었습니다. 기다리는 사람이 있는 곳에 확실한 말을 전하기!

++ 10장의 패널로 구성된 커뮤니케이션 도구. 투페라 투페라의 가메야마 데츠야, 나카가와 아츠코 작가는 "코로나 시국, 집에만 머물러야 하는 상황에서 가족에게 매정하게 외면당하기 십상인 아버지들에게 힘을 실어 주고 싶다"고 말했습니다. 그 말대로 아버지를 '단숨에 가볍게 주인공으로' 등극시키는 재밌는 책이 되었습니다.

119

● 이동

2020년 6월 30일(화) 제26호

오늘은 칠석입니다. 7월 7일 현재, 구마모토를 비롯해 규슈의 각 지역에서 호우로 인한 수해를 입고 있습니다. 이 이상 피해가 커지지 않도록 한 시각이라도 빨리 상황이 진정되었으면 좋겠습니다. 그리고 코로나 감염이 다시 확대되는 와중이라 특히 올해 여름은 태풍을 비롯한 자연재해가 일어나지 않기를 강력히, 강력히 염원합니다. 하지만 안타깝게도 지금 제가 할 수 있는 일은 기도뿐이네요.

하다못해 출판사로서 매년 가을에 발간하는 잡지 『밥상』+에서 '재해를 전제로 한 생활'과 '마을 만들기'에 관해서라도 진지하게 다루어 보고자 합니다. 마침 요사이 『밥상』 취재를 거듭하며 총력을 다 하던 터였거든요. 그런데 올해는 전혀 움직일 수가 없네요. 이동하는 그 자체가 곤란한 시기라서 말이죠. 그러나 확실히 지금까지는 없었던 즐거움이 생긴 것도 사실입니다. 예를 들면 온라인 이벤트인 MSLive!가 그렇습니다. 「밥상 편집실」이라는 코너도 한 달에 한 번++ 운영하게 되었습니다.

120

6월 10일에는 스오오시마의 나카무라 묘친 씨, 우치다 겐타로 씨와 함께 기획회의를 했습니다. 그 과정에서 평소에 밖으로 드러나지 않는 사람들의 목소리를 듣고 싶다고 두 분을 비롯한 많은 분이 생각하고 계신 것을 알았습니다. 7월 16일에는 히라카와 가쓰미 씨를 초대해서 공개로 제2회를 진행합니다.[+++] 이렇게 늘 열린 장이 있으므로 올해 『밥상』은 확실히 다를 것입니다.

7월 말에는 '여름이 즐거워진다! 어른을 위한 서머강좌', 8월에는 '아이와 어른의 서머스쿨 2020'이 열립니다. 이동은 할 수 없어도 계속 나아가겠습니다.

[+] 2020년 가을에 리뉴얼했어요. 디자인과 제작 사양에 변화를 주었고 이후 6개월에 한 번씩 간행합니다.

[++] 진짜로 '한 달에 한 번 할 생각이었나?' 하고 새삼 놀랍니다. 6개월에 한 번 '잡지 만들기 여행'을 개최하기도 어려운데 하물며 매달이라니. 음…….

[+++] 리뉴얼한 『밥상』 6호(2020년 가을호, 특집: 비상시대에 밝게 살기)로 열매를 맺었습니다.

여름이다! 아이, 어른 할 것 없이 모두 밖으로 뛰어나가
자! 라고는 차마 말할 수 없는 나날이 계속되고 있습니
다. 코로나19는 심각해지기만 할 뿐이고, 기온은 40도
를 넘기고……. 좋든 싫든 집에서 머무를 수밖에 없습
니다.

　이런 나날, 어떻게 지내고 계시는지요? 좀처럼 마
음먹은 대로 되지 않는 일상인 것 같지요. 어떻게든 건강
하게 잘 지내시기를 바라 마지않습니다.

　미시마샤는 두 개의 '서머' 즉 '여름이 즐거워진
다! 어른을 위한 서머강좌'와 '아이와 어른의 서머스쿨
2020'으로 알찬 여름을 보냈습니다. 서머강좌 중 요리
연구가 도이 요시하루 선생님의 '이 여름의 국 하나 채소
하나'에 크게 감명을 받고 그 밤부터 된장국 만들기에 빠
져 있습니다. "무조건 맛있습니다. 맛이 없을 리가 없어
요. 재료가 맛있으니까요." 이 말에 온몸의 감각이 열리
는 듯 좋은 기운을 받았습니다.

　그 강좌 이후 서머스쿨 선생님들을 포함한 모든 분

의 전문적인 관점을 일상생활에 활용하고 있습니다. 그
즐거움에 눈떴어요. 그렇게 생각하니 멀리 나가지 않아
도 발견과 깨달음이 가까이에 있다 싶더라고요. 오히려
이전보다도 더……. 그런 이유로, '서머' 덕분인 여름입
니다.

● 메뚜기

2020년 8월 31일(월) 제28호

"늦더위였어……" 하고 과거형으로 말하기에는 아직 이릅니다. 오늘 오후, 교토는 35도를 넘었습니다. 점심을 먹고 돌아오는 그 짧은 시간에도 머리가 어질어질합니다. 여러분도 계속 건강에 유의하세요.

이런 더위에도 며칠 전 아이들과 가모가와에 갔습니다. 메뚜기를 잡으러 갔는데요, 메뚜기가 없었습니다. 요전까지만 해도 엄청 많았다고 하던데……라고 생각하다 보니 풀과 잎이 깨끗하게 잘려 있더군요. 무성하던 풀과 잎이 완전히 다듬어진 겁니다.

그러면 물론 걷기는 편합니다. 겉으로 보기에도 깔끔합니다. 그런데 이래서는 생물이 살 수 없습니다. 생태의 다양화에 역행하는, 아주 정비가 잘된 풍경을 떠올리니 왠지 슬퍼졌습니다.

물론 풀 정리를 한 사람들에게는 "수고하셨습니다", "고맙습니다" 하는 마음뿐이지만, 이런 것을 '좋다'고 생각하고 마는 요즈음 사람들의 인식에 뭐라 말할 수 없는 기분입니다.

'아, 이대로는 안 된다'던 '배움의 미래, 좌담회'[+]에서 나왔던 대로 "매일 생태계가 조금이라도 다양해지는 것"을 목표로 해야 합니다. 교육도 사회도 경제도 모두요. 이런 생각을 하게 된 것은 무더운 여름, 곤충들과 함께한 시간이 너무도 소중했기 때문입니다.

[+]　2022년 4월부터는 '배움터를 만드는 학교'로 재정비했습니다. 수학자 모리타 마사오 씨의 미니 강연, 게스트 초대 좌담회, 생태학자 세토 소마 씨의 상담회. 이 세 가지 프로그램을 한 세트로 매월 운영합니다.

125

아침과 저녁이 갑자기 추워졌는데요, 별고 없으신지요? 요 며칠 교토는 최저기온이 6~8도. 그 탓에 우리 집 아이들(일곱 살, 네 살)은 일어나자마자 고양이처럼 고타쓰에서 몸을 둥글게 말고 있습니다. 얼굴만 쏙 내고요.

　걱정인 것은 앞으로 점점 추워지면서 코로나19가 재확산될 것 같다는 거죠. 유럽과 미국에서는 이미 2차 유행이 밀어닥쳤습니다. 경제와 양립해야 한다는 명목으로 일본에서는 큰 규제 없이 다들 일상을 보내게 될 것 같습니다. 저희는 최악의 사태를 상정해서 움직여 보려고 합니다. 여러분도 부디 조심하시길……!

　그럼에도 이 반년을 돌아보면 좋은 일이 많았구나, 하는 생각이 절로 듭니다. 가장 큰 이유는 멈춰 섰기 때문입니다. 멈춰 서서 찬찬히 보는 것요. 이전엔 상처가 나거나 움푹 패인 곳을 저도 모르게 지나쳐 버리곤 했었습니다. 그런 몇 가지를 점검할 수 있었다는 것. 그리고 찬찬히 바라봄으로써 이윽고 회복했다는 것.[+] 그렇게 지금의 평온함을 가질 수 있었습니다. 그리고 여전히 상

처를 입은 채 회복되지 않은 것도 알 수 있었습니다. 이
모든 것이 다 회복 과정이라 생각하는 오늘입니다.

+   MSLive!와 전자책 제작 등 눈에 보이는 변화도
큽니다만, 무엇보다도 영업부가 팀으로 움직이기 시
작했습니다. 축구로 비유하자면 지금까지 각자가 자
신의 상(像)을 유지한 채 뛰고 있었지만, 팀으로서 어
떤 플레이를 해야 할 것인지, 그 방향성을 공유하며 뛸
수 있게 되었다는 의미입니다. 제가 멈춰 서서 편집 일
에 참여함으로써 이 염원이 이루어졌습니다.

● 새어 나오다

2020년 11월 30일(월) 제30호

새다, 넘치다, 삐져나오다, 흘러내리다. 지금 세상에는
더, 더, 더, 더 이런 움직임이 있으면 좋겠습니다. 아니,
없으면 곤란합니다.

　어릴 때 교토의 좁은 길에서 이웃 아이와 자주 야구
를 했습니다. 당연히 아이들은 소리를 내지르며 놉니다.
매일 집 바깥의 공공장소에는 아이들의 목소리가 넘쳐
흘렀습니다. 넘쳐흐르는 것은 비단 아이들 목소리만이
아니었지요. 공도 지지 않고 놀이터 공간을 벗어나 누군
가의 집으로 흘러들었습니다.

　그리고 공은 유리라는, 공간과 공간을 나누어 사물
이 왔다 갔다 하는 것을 차단하는 물체를 깨서 공간이 잘
통하도록 하는 역할도 했습니다. 그러면 대체로 어른이
집에서 바깥으로 삐져나오죠. 우리 동네도 예외는 아니
었습니다. '○○아저씨'라고 아이들이 이름을 붙인 초
로의 남성이 한 손에는 지팡이를 들고 무릎까지만 오는
헐렁한 홑바지를 입고서 화를 내며 나옵니다. "야! 너희
들 여기 똑바로 줄 서!" 아저씨의 말을 듣고 상급생도 하

급생도 동시에 고개를 숙이고 ○○아저씨 앞에 섭니다. "이놈들, 몇 번을 말해도 못 알아들어~"라고 야단을 맞는 순간이었는데 모두 웃음이 터졌습니다. ○○아저씨의 입에서 "어~"하는 타이밍에 침이 새어 나왔기 때문입니다.

그렇죠. 어른도 침이 샙니다. 새도 되죠.

이를 몸으로 증명하는 어른들이 바로 옆에 있었습니다. 그래서 숨 막히지 않고 자랄 수 있었습니다. 이제부터는 우리 차례입니다. 새어 나오고, 흘러내리고, 넘쳐야 하는…….

2020년 12월 31일(목) 제31호

'올해 목표' 같은 것을 별로 정하지 않는 편이긴 합니다
만 올해는 '느슨해지기'로 정해 보자고 다짐했습니다.
지난 호의 '넘치다, 새어 나오다'에 이어 이번엔 '느슨해
지기'입니다. 일단 생각한 한 가지는 속도를 느슨하게
하는 것입니다.

『요리와 이타』에서 도이 선생님이 "천천히 가는 것
도 좋은 것이여"라고 말씀하신 것과도 통합니다. 요리
사뿐만 아니라 우리도 '빠른 것'을 가치 있다고 여겨 왔
습니다. 예컨대 "그 사람은 일이 빠르네. 잘하겠어"라며
말이죠. 물론 이 '빠름'에는 정확성이 동반되어야 합니
다. 그렇지 않으면 그것은 그저 솜씨가 '거친 것'에 불과
하기 때문이죠. 즉 신속하고 정확한 것을 지향하게 되었
습니다. 필연적으로 '효율적이지 않으면 안 된다'가 되
어 버린 것이죠. 효율적으로 많은 일을 처리하기. 신속
을 가치로 하는 배경에는 효율성과 대량 생산을 좋아한
다는 전제가 숨겨져 있습니다.

다른 한 가지는 밀도를 느슨하게 하기. 묶여 있는 것

을 느슨하게 하기입니다. 그렇다고 해서 '삼밀三密 회피'[+]
를 의도하는 것은 아닙니다. 전혀.

　　지금까지 '피가 흐르는 뜨거운 말'을 외칠 때 생각
과 열정을 거기에 가득 담는 것에만 사로잡혀 있었지 않
나 반성했습니다. 그것만으로는 다른 사람이 비집고 들
어올 여지가 없을 가능성도 있습니다. 말을 고형물처럼
사용해 버리면 그것은 기호, 상투어, 형식어에 머물러서
그 사람의 말이 되지 않습니다. 살아 움직이지 못합니다.

　　앞으로는 전혀 다른 잣대를 가지고 살아가는 것이
필요합니다. 이런 시대를 우리가 지금 살고 있다면 열정
과 동시에 '틈새'의 말을 전하는 것. 그리고 그것이야말
로 우리의 일이라고 생각합니다.[++]

[+]　"세 가지 밀(밀폐, 밀접, 밀집)을 피합시다." 이
표어, 그리움이 느껴지는 건 저만 그런가요.
[++]　물론 그것만이 출판사의 일은 아닙니다만 '말'
만으로 먹고사는, 말을 살려서 먹고사는 직업이긴 합
니다. 책의 부수로만 보면 정말 미미할지도 모르지만,
동시대를 사는 사람들의 말의 풍성함(혹은 빈곤함)은
우리에게 달렸습니다. 말은 당연히 사람의 사고나 행
동까지 좌우하기도 하지요. 그 사실을 깨닫는 것은 아
무리 강조해도 부족함이 없습니다.

● 없는 것 같다, 있는 것 같지 않아

2021년 1월 31일(일) 제32호

곧 호시노 가이넨 씨의 첫 책『없는 것 같다, 없을지도 몰라』가 나옵니다. 정신과 의사인 가이넨 씨의 책 자체가 '있는 것 같지 않은 책'이 되었습니다. 왜냐하면 이렇게까지 강요하지 않고, 단정 짓지 않는 책은 동서고금을 막론하고 없었던 것 같습니다. 기적적일 정도로 강요하지 않는 문장이 계속됩니다. 그것을 읽다 보면 읽는 쪽도 부지불식중에 가드를 느슨하게 내리게 된다고 해야 할까요, 힘과 긴장이 풀린다고 해야 할까요.

　　마음의 병이 아니더라도 살다 보면 고통과 괴로움을 느끼는 법입니다. 그 원인의 일부는 '없는 것 같다'와 '있는 것 같지 않다'를 잘못 파악하고 있는 데 있다고 생각합니다. 예를 들면 일상의 삶에서 미생물은 '없다'고 느끼고 살아가기 십상이지만 '있습니다.' 역으로 '모두가 이렇게 생각하고 있다'고 느끼기 십상인 압박감이나 분위기 같은 것은 '없습니다.'

　　'회사는 매일 다녀야만 한다'와 같은 분위기는 코로나19 시국에서 무너졌습니다. '있다'고 생각했던 것이

'없는' 것이 된 거죠. 여기서 조심해야 할 것은 '회사는 다니지 않아도 된다'는 정답이 '있다'고 생각해 버리지 않는 것입니다. 이것뿐만 아니라 단 하나의 '있다'가 있는 것이 아니라 상황과 직종 등에 따라 바뀌어 가는 것임을 깨우쳐야 합니다.

'있는 것'은 큰 정답과 규칙과 기준이 아니라 미생물을 비롯한 '작은' 쪽. 그 제대로 된 '있는' 쪽의 목소리를 들으며 살고 싶습니다.

● 땅을 갈고 계속 씨를 뿌리기

2021년 2월 28일(일) 제33호

곧 1년이 지나려고 합니다. 돌아보면 2020년 4월 말은 코로나19로 위기를 맞은 세상과 마찬가지로 미시마샤도 긴급 사태였습니다. 문자 그대로 자금이 바닥을 드러내어 아이디어가 아무리 있어도, 그 아이디어들이 아무리 재미있어도 어떻게 실행할 수가 없었습니다. 그때 서포터즈 여러분 덕분에 극복할 수 있었습니다.

아무리 감사를 드려도 충분하지 않습니다. 이 이야기는 아무리 써도 늘 부족한 것 같습니다. 지금도 이렇게 계속 활동할 기회를 주셔서 진심으로 고맙습니다.

이렇게 극복하고 난 지금 동시에 기쁨이 벅차오르기도 합니다. 그 말인즉슨 그냥 극복한 것이 아니라 글 제목대로 "땅을 갈고 계속 씨를 뿌린" 나날이었기 때문입니다. 온라인 사업인 MSLive!와 전자책 판매를 시작한 것은 물론이고 부피가 작은 물건을 배송하는 물류 루트를 새로 확보하거나, 자금계획표를 처음으로 만들거나(인제 와서야!), 『밥상』을 리뉴얼하거나⁺ 편집 방식을 바꾸어 보거나(언젠가 전해 드리겠습니다), 눈에 띄는 변화부터 미세한 변화까지 몇 가지를 동시에 병행할 수 있었습니다. 이러한 흐름이 생긴 것도 구성원들이 제대로 움직여 주었기 때문입니다. 어딘가에서 만날 기회가 있으면 칭찬해 주세요! ("예삿일이 아니었죠!"라고 슬쩍 말하시면서요)

+   새로운 판형을 도입했습니다. 발행 주기는 1년에 한 번에서 두 번으로 늘렸습니다. 그것뿐만 아니라 '미시마샤의 잡지'라고 이름을 내건 것도, '생활인을 위한 종합잡지'라고 주장하게 된 것도, 큰 변화의 발현이라고 봅니다.

3월 말에 활짝 핀 벚꽃은 입학식이 있던 4월쯤에는 완전히 지고 말았습니다. 꽃구경도 못 가고 파티도 할 수 없는 것은 코로나19 방역 대책 때문이지만, 입학식 시기에 벚꽃이 없는 것은 지구 온난화 때문이겠죠. 천여 년 전부터 일본의 조상들은 벚꽃의 변화에 자신을 맡겨 왔습니다만, 이제 점점 그 관계성이 크게 바뀔 수밖에 없다는 생각이 듭니다. 적어도 벚꽃과 입학식을 연결 지어서 생각을 떠올리는 일은 더는 없죠.

'이건 슬픈 일이다. 쓸쓸한 일이야'라고 생각하면 확실히 그럴지도 모르겠습니다. 그런데 이 변화에는 새로운 가능성이 깃들어 있습니다. 예를 들면 조몬 시대(그 당시에는 아직 벚꽃이 없었을 것 같은데요) 조몬 사람들은 나무와 꽃을 바라보며 우리와는 전혀 다른 무엇인가를 느꼈을 테지요. 그것은 무엇일까요? 현시점에서는 상상해 보기도 어렵습니다. 그럼 이제 우리가 맞이할 변화 때문에 '그것'에 다가갈 수 있는 절호의 기회가 올지도 모르겠네요.

실제로 이 1년 동안은 음식을 어떻게 먹을 것인가에 관한 생각도 많이 바뀌었습니다. '묵식'이라는 말은 별로 좋은 느낌이 드는 것은 아니지만, 다만 입에 넣는 음식 그 자체를 제대로 마주하는 기회는 되었습니다. 다시 말해 사람들 사이의 대화는 줄었지만 음식과의 대화는 훨씬 늘었습니다. 새로운 기쁨을 우리에게 선사하는 셈이죠.

틀림없이 책을 만드는 일도 변화해 나가겠지요. 어떻게 바뀔 것인지 지금은 알 수 없습니다. 어떻게 바뀌든 그 변화를 즐기려고 합니다. 그 과정을 이 지면과 앞으로 나올 책들에서 느껴 주시면 좋겠습니다. 여러분의 행복을 기원합니다.

4년 차의 인사

● 닿다, 새어 나오다, 도움 되다

2021년 4월 30일(금) 제35호

서포터즈 여러분 건강하신가요? 다들 무사하고 건강하시길 바라는 마음으로 펜을 들었습니다. 미시마샤는 다행히 모두 건강한 나날을 보내고 있습니다. 이 글을 쓰고 있는 것은 『밥상』 7호 교정을 다 본 다음 날입니다. 1년에 두 번 간행하게 되면서 처음으로 봄에 편집을 한 『밥상』 위에, 아니 안에 있는 기분입니다.

　제목으로 올린 「닿다, 새어 나오다, 도움 되다」[+]가 이번 호의 주제입니다. 『밥상』 7호에 닿아 거기에 완전히 몸을 담그고, 이런저런 생각이 넘쳐 나고 새어 나와, 지금은 완전히 도움이 된……. 이번 호는 막 입사한 편집자 스미 씨도 제작에 참여했습니다. 다름 아닌 '잡지 만들기'에 닿은 셈이죠.

　22년 전 저도 인생 첫 일에 닿았습니다. 지금 이렇게 '미시마샤'라는 곳에서 일하고 있는 것도 22년 전에 맞닿은 경험이 있었기 때문입니다. 그때의 첫 접촉, 첫 연락은 지금도 확실히 기억합니다. 그때는 아주, 아주 괴로웠습니다만…….[++]

140

그런데 왜 그때 닿는 것이 가능했는지? 최근에서야 비로소 알게 되었습니다. 틀림없이 선배들이 일을 흘려 주었기 때문입니다. 아무리 생각해도 선배들이 흘려 주지 않고 직접 했으면 더 잘 처리했을 것 같습니다. 하지만 선배들이 일을 전부 끌어안고 흘려 주지 않았다면 저는 계속 닿을 수 없었을 겁니다(그리 생각하니 무섭네요). 물론 저도 선배들이 흘려 준 것을 필사적으로 건져 올리려고 하긴 했습니다만…….

이번 『밥상』 7호 제작 과정에서 꽤 '새어 나온 것'을 신입인 스미 씨가 훌륭하게 건져 올려 주었습니다. 그래서 큰 도움을 받았습니다.

이러한 순환을 가능하게 해 주는 서포터즈 여러분의 '새어 나온 것'에도 진심으로 감사 말씀드립니다. 항상 고맙습니다.

+　이렇게 다시 읽어 보며 깨닫는 것이 많습니다. 꽤 비슷한 제목을 많이 붙였네요. 틀림없이 여기 쓴 글은 그때그때 제 뇌 안에서 그냥 흘러나오는 장이군요.
++　신입 3개월이 되었을 때 그 어떤 예고도 없이 영업 부서 소속이 되었습니다. "월간지의 연간 구독을 100부 단위로 계약해 와라." 이런 지령에 아무것도 모르는, 전화를 받거나 거는 법조차 제대로 익히지 못한 애송이가 도전했습니다. 선제 펀치에 얻어맞는 나날이었죠.

일전에 고단샤 등 대형 출판사 세 곳과 마루베니 상사가 '출판 유통' 구조를 개혁하는 새로운 회사를 설립한다고 발표하였습니다. 표면적으로는 동판(전 동경출판판매), 일판(일본출판판매)을 대신해 '중개'를 시작하는 것은 아니라고 합니다. 하지만 뒤로는 새로운 중개업체를 목표로 하고 있는 것은 아닐까? 급기야 대형 출판사도 중개에 뛰어든 것일까? 도대체 무슨 일이 일어나고 있는 걸까?…… 등등. 무심코 근거 없는 추측에 빠지게 되긴 하지만, 업계 전체의 흐름이 좋아지기만을 바랄 뿐입니다.

물론 그렇다고 해서 이제 안심해도 된다는 것은 전혀 아닙니다. 오히려 작은 출판사나 책의 다양성의 측면에서는 위기가 더 커질 가능성이 있습니다. 왜냐하면 나름의 규모를 가진 유통회사를 유지하려면 우선은 베스트셀러가 효율적으로 배본되어야 하기 때문입니다. 현재 유통에서 일어나고 있는 미스매치를 없애는 것부터 시작할 수밖에 없습니다.

그러나 다품종 소량 생산하는 책들은 어떻게 될까요? 지금보다 더욱더 유통이 어려워질 겁니다. 그런 사태는 충분히 예상할 수 있습니다. 그만큼 '한 권!거래소'의 역할이 큽니다. 대형 유통이 본격적으로 가동하기 전에 작은 출판사와 서점을 위한 '우리만의' 살아 있는 시스템을 정착시킬 수 있을까. 현시점에서는 서비스를 시작하고 나서 1년이 지났지만 여전히 적자가 계속되고 있습니다.

현재 저도 무보수로 책 서비스의 정착을 위해 매일 움직이고 있습니다.[+] 부디 많은 응원 부탁드립니다.

[+]   '한 권! 거래소'를 운영하는 모회사는 주식회사 한권입니다.

이 제목을 보고 무엇을 상상했나요? 음식을 떠올리신 분이라면, 아주 상상력이 풍부하군요. 훌륭합니다. 분명 '기시면'(가늘고 납작하게 썰어 만든 국수) 중에 이런 면이 있을 것 같습니다. 혹은 자일리톨의 청량감에 과자 맛을 더한 절묘한 풍미의 과자 이름이라든지. 이런 이름의 과자가 있으면 말차와 함께 먹고 싶네요.

저는 '웃음소리' 같았습니다.

기시시시시, 이 말은 조금 전 미시마샤에서 막 나온 그림책 『편지가 왔구나. 기시시시시』てがみがきたな きししし[+]에서 나온 말인데요. 저자인 아지로 코스케 씨에 의하면 웃음소리는 아닙니다. 그러면 무엇일까요?

일전의 MSLive! '그림책 완성했어! 기시시시시' 편에서 명쾌히 말씀하셨습니다.

"바닥이 삐꺽거리는 소리입니다."

그 말에 화면을 가운데 두고 이쪽에 있던 우리도 "와~" 하고 소리쳤습니다. 와중에 그 이벤트 중에 아지로 씨가 "열여섯 살 때까지 인형 놀이를 했어요. 저도 더 이상은 좀 위험하다고 생각해 그만뒀습니다"라고 고백!
그 이후 그림을 그리는 것으로 관심을 바꾸었다고 해요.
그림 작가라는 사람이 가진 순수함에 설렜습니다.

+   이 그림책은 교토의 '선엠컬러'에서 인쇄했습니
다. 인쇄소 창업자인 회장님이 여하튼 열정이 넘치시
는데, 이 그림책을 인쇄할 때 마침 회장님이 지나가다
애정에 불이 붙어서 직접 지휘를 맡아 힘을 다해 책을
제작해 주셨습니다.

더운 날이 이어지고 있습니다. 잘 지내시는지요?

교토는 매년 '늦더위'가 기승을 부린다고 오래전부터 다들 말하지만 올해는 이전보다 더하네…… 싶은 더위입니다. 아침 여덟 시의 햇볕도 장난이 아닙니다. 오늘 아침에는 쓰레기만 내놓는데도 어질어질했습니다. 더위에 각별히 조심하시기 바랍니다.

이런 여름에 미시마샤는 '서머 캠프'를 열었습니다. 단, 옥외에서가 아니라 온라인 MSLive!의 일환으로 말이죠. 이 글을 쓰고 있는 오늘은 '아이와 어른의 서머 캠프 2021'의 제1쿨cool의 다섯 강좌가 모두 끝난 다음 날입니다. 그리고 여태껏 캠프의 여운에 잠겨 있습니다. 기분 좋은 피로와 함께 말이죠.

캠프의 테마를 '이 여름, 흘러나오자'라고 정했는데 지금 바로 강사 다섯 분(한 조)의 말과 동작을 반추하다 보니 그것들이 '흘러나오려' 합니다. 그 '흘러나오는 것'을 줍고 길어 올리고 싶어 몸이 실제로 따라 하기를 원하고 있습니다. 그림책, 요리, 채소를 다루고 생명체들과

146

놀고 자신의 지도를 그려 보는 일. 실내에 있으면서 이러한 일을 습관화하고 일상화해 나가는 계기를 얻을 수 있어서 우리 출판사가 주최한 이벤트지만 최고인 것 같습니다. 새삼 강사 선생님들께 감사의 마음을 전합니다.

덕분에 더운 여름에도 성장할 수 있었다고 이 여름의 끝에서 자신 있게 말할 수 있을 것 같습니다.

+   작년에도 '서머'(summer)라는 제목으로 글을 썼군요. 지금까지 서포터즈 신문의 제목은 매번 다르게 하자고 생각해 왔습니다. 이때는 처음 붙이는 제목이라고 완전히 믿었죠.

오는 10월에 미시마샤는 창업 15주년을 맞이합니다.

요전에 갑자기 생각이 나서 '맞다. 기념 로고를 만들자' 하고 미시마샤 로고를 만든 요리후지 분페이 씨를 찾아갔습니다. 우리 부탁을 듣고는 "음…… 어렵네요"라고 말하면서도 척척 손이 움직입니다. 그리고 "완성!" 하고 보여 주신 로고에는 'MIRACLE'이라고 적혀 있는 게 아니겠습니까. MISHIMASHA라고 생각했는데 M만 같고 자연스럽게 미러클이라고 되어 있었습니다.

기적인가…… 확실히, 15년을 이렇게 계속해 올 수 있었던 것이 기적이 아니면 무엇이겠습니까. 돌이켜 보면 15년 전 그때는, 1년 후 어떻게 될 것인지 전혀 상상하지 못했습니다. 수중에 있는 돈만 가지고 시작한 회사. 아무리 생각해도 1년을 못 버틸 것 같던…….

그랬던 회사가 지금까지 유지되고 있습니다. 이 사실을 기적이라고 부르지 않고 뭐라 부를 수 있을까요? 그렇게 생각을 하며 그냥 이 기적 'MIRACLE'을 받아들이기로 하였습니다. 물론 우리 존재를 그렇게 생각하는 것이 아닙니다. 지금, 이 순간도 책 만드는 일을 할 수 있다는 사실이 기적 같단 것이죠.

결코 당연한 것이 아닙니다. 매일매일 있는 일의 고마움을 인지하면서 15주년 로고가 드디어 다음 달부터 다양한 곳에서 활약할 겁니다. 서포터즈 여러분도 예뻐해 주시면 기쁘겠습니다. 이 15주년 로고는 서포터즈 여러분과 함께니까요.

최대의 기적은 미시마샤의 출판 활동이 우리 손을 떠나서 서포터즈 여러분과 함께하게 되었다는 것. 거기까지 생각이 미치니 힘이 불끈 솟습니다!

15주년을 맞이했습니다. 그동안 버팀목이 되어 주신 여러분, 특히 서포터즈 여러분께는 감사한 마음이 가득합니다. 앞으로도 부디 잘 부탁드리겠어요. 저번에 로고 이야기와 함께 기적이라고밖에 달리 표현할 방법이 없다고 썼습니다. 그 어떤 보장도 없이 계속해 온 것이 말이죠. 그것은 '뜻밖'의 일이라고밖에 달리 표현할 길이 없기도 합니다.

신기하게도 딱 이 타이밍에 나카지마 다케시 선생의 『뜻밖의 이타』思いがけず利他라는 책을 출간합니다. 나카지마 선생은 이 책에서 '이타'란 "자신의 조치를 넘어서 저쪽에서 찾아온다"라고 썼습니다. 똑같이 후지하라 다쓰시 작가는 『연식론』緣食論에서 '새어 나오는 것'이 '자치'로 연결된다고 지적합니다. 즉 자신의 의지를 떠나서 새어 나오고 흘러넘치는 것이야말로 '스스로 다스리는 것'이라고 말이죠.

듣고 보니 그렇습니다. 적어도 미시마샤는요. 생각지도 못한 뜻밖의 재미있는 원고가 계속 들어와서 책을 출간하는데, 왜 그런지 모르게 갈수록 점점 재미있어집니다. 그런 느낌이 저절로 듭니다.

그렇게 만든 책 중 하나가 『뜻밖의 이타』와 동시에 나오는 『그 농지, 제가 살게요』その農地、私が買います입니다. 본가의 농지에 태양광 패널이 설치되는 것을 막고 싶은 마음에 어쩌다가 "농지를 사겠다"고 말해버린 다카하시 구미코 씨. 거기서부터 다카하시 구미코 씨의 분투가 시작됩니다. 읽기 시작하면 책장을 넘기는 손을 멈출 수 없게 됩니다.

뜻밖의 일은 연이어 일어나네요.

● 바람이 지나다

2021년 10월 31일(일) 제41호

신칸센을 탈 때는 노이즈캔슬링 이어폰을 낍니다. 소음
은 꽤 피곤합니다. 그래서 평소보다 이어폰을 더 단단히
귀에 꽂으려 신경을 씁니다. 그런데 차에서 내린 후에도
깜빡하고 이어폰을 낀 채로 있을 때가 종종 있습니다.

몇 시간 전이 바로 그랬습니다. 기차에서 내려 전철
인 도요코선으로 갈아타기 위해서 걷다가 문득 거슬려
이어폰을 뺐습니다. 그 순간 슈욱, 소리가 나면서 바람
이 저의 머릿속을 스치고 지나갔습니다. "뭐야, 이거?"
무어라 말할 수 없는 상쾌함. 분명 바람이 머릿속을 스쳤
어요!

바람이라고 하니 우리 집의 초등학교 2학년 남자아
이가 생각납니다. 요전에 '도덕' 교과서에 나온 이런 문
제를 풀고 있더군요.

두 아이가 서로 으르렁거리며 싸우고 있습니다. 서
로 양보 없이 싸우고 있어. 이윽고 둘이 조금씩 상대방
을 생각해 서로 양보합니다. 그때 둘 사이로 바람이 불어

152

왔고, 두 아이는 기분이 좋다고 느꼈습니다.

(문제)

두 아이는 왜 기분이 좋다고 느꼈을까요?

아들의 대답은 "마침 더워서." 아들은 매일, 깜짝 놀랄 정도로 책을 읽습니다. 하지만, 조금이라도 도덕적인 '교훈' 냄새가 나면 귀신같이 알아채고 그런 책은 읽으려 들지 않습니다. 그 대답에 '훌륭하다'고 감동했던 저는 앞선 상쾌함의 이유도 혼자 그렇게 생각합니다. 더워서……, 귓속이 몹시 더웠기 때문이라고 말이죠.

● 손의 윤리

2021년 11월 30일(화) 제42호

우리 집의 유치원생(최근에 여섯 살이 되었습니다)은 욕
실에서 나오면 젖은 채로 돌아다니려고 합니다. 그러기
전에 재빨리 몸을 닦아 주는 것이 저의 역할입니다. 요전
에 다 닦은 둘째를 붙잡은 채로 "자, 다음에는 보습, 보
습!" 외치며 건조하기 십상인 아들 피부에 발라 주려고
크림을 재빨리 꺼냈습니다. 손가락에 크림을 묻혀서 손
바닥에 펴려고…… 하다 보니 아니, 왠지 평소와는 다릅
니다. 평소보다 크림이 손이나 손가락에 많이 들러붙습
니다. 튜브 안에서 덩어리가 진 것일까? 일단 그건 됐고.
몸이 차가워지기 전에 발라야지. 그렇게 몹시 끈적거리
는 크림을 등에 발라 주었습니다. 바르고 보니 너무 하
얗다고 생각하면서 말이죠.

　5분 후 목욕을 마친 아내가 "크림 발라 줬어?"라고
묻길래 발라 줬다고 대답했죠. 그 순간 "잠깐만! 이걸 발
랐다고?" 하며 둘째 옆에 놓여 있던 튜브를 가리킵니다.
저는 당당히 대답했죠. "응."

　"뭐? 이거 치약이잖아!" "으아아악!!" 하고 외치는

아이들. "아빠가 치약을 발라 줬어!!" 하며 큰 소동이 벌어졌습니다.

며칠 지나서 초등학교 2학년인 큰아이가 그 일을 학교 작문 수업에 썼더군요. "아버지가 동생에게 치약을 발랐습니다. (생략) 재미있었습니다."

손은 옳았습니다. 애당초 크림을 손에 묻힐 때 이상하다고 느꼈거든요. 잘못은 머리였습니다. 흠흠.

"목표는 회사를 크게 키우지 않는 것입니다." 창업할 당시 미사마샤에 저 혼자만 있던 무렵에 처음으로 한 인터뷰에서 이렇게 대답했습니다. 당시의 생각에는 '회사의 성공=커진다'라는 도식에 저항하고 싶었을 테지요. 꽤 패기가 있었다고 생각합니다. 그땐 젊었어요, 라고 말하면서도 어떤 직감이 그때부터 작용하고 있었던 것 같기도 합니다.

그 직감이란 회사는 가만히 놔두면 저절로 커지려고 한다는 것입니다. 15년 지난 지금, 그 직감이 틀리지 않았다고 생각합니다. 사실 납세를 독려하는 법률 아래에서 회사를 유지하려면 이익을 많이 내야죠.

이것은 회사를 시작하고 수년 내에 자각한 일인데요. (규모가) 커지지 않도록 상당히 의식적으로 조심하지 않으면 회사는 커지는 것이 '정답'이 되고 맙니다. 그렇게 흘러가는 것이 '보통'이지요.

지금 미사마샤에는 열네 명이 일합니다. "뭐야?!"라고 생각하시려나요. 이미 큰 회사가 아니냐고 말이죠.

고개를 끄덕이며 제 생각을 말씀드리자면 꽤 노력했기에 이 정도로 유지하고 있단 겁니다. 좋은 책을 계속 만들고, 여러분 손에 닿도록 노력하지요. 저자, 서점, 독자 그리고 업계가 짊어진 과제. 이러한 전방위에 걸친 기대에 조금이라도, 조금씩이라도 대응해 나가기 위해 최소한으로 필요한 인원입니다. 하나하나 시간을 들여 일을 해 나가기 위한 인원이 딱 이 정도죠.(계속)

지난달, 이 코너에서는 '목표'라는 제목을 내걸고 회사를 크게 키우지 않으려고 의식하고 있다고 썼습니다. 그리고 마지막에 "(계속)"이라고 썼지요. 그로부터 한 달이 지났는데요. 그때 "(계속)"이라고 한 후에 무슨 이야기를 이으려 했던 걸까요. 전혀 생각이 나지 않습니다. 분명히 이 제목으로 쓰고 싶은 것이 있었는데요.

한 가지만큼은 확실히 기억합니다. 서포터즈 여러분에 관해 쓰고 싶었다는 사실입니다. 지난번에 "업계가 짊어진 과제에 조금이라도, 조금씩이라도 대응해 가고 싶다"며, 그를 위한 최소한의 인원수로 운영하겠다고 이야기했었죠.

그렇습니다. 업계의 어려움 중 하나는 문이 좁다는 것입니다. 즉, 출판 일을 하고 싶어도 접할 수 있는 곳이 거의 없습니다. 그 결과 업계의 신진대사가 원활하지 못해 전체적으로 침체되지요. 이 흐름을 조금이라도 바꾸어 나가고 싶습니다. 그렇게 마음먹고 10년 동안 일곱 명을 채용했습니다.

이 신문을 담당하는 야마다 군이 2년 차, 일전에 MSLive! 사회를 처음으로 맡은 스미 군은 1년 차. 두 사람 모두 착실히 성장하고 있습니다. 물론 출판 일을 어느 정도 주체적으로 할 수 있으려면 시간이 좀 더 걸립니다.[+]

그 시간이 아까워 채용의 문을 여러 출판사가 닫고 있다고 생각합니다. 그런데 젊은이들의 성장은 미래의 희망입니다. 이 희망의 불을 켤 수 있었던 것은 100퍼센트 서포터즈 여러분이 있기 때문입니다. 깊이 감사드립니다.

+ 신입 사원이든 경력 사원이든 미시마샤처럼 업계의 관습에서 비껴나 근본부터 새로운 일을 해 나가려고 생각하는 회사라면 일의 기본을 익히는 데만 3년은 걸리겠죠. 뒤집어 말해 회사 입장에서 경영상의 숫자로만 보면 3년은 투자 기간입니다. 보상은 빨라도 4년 뒤. 작은 회사에서 그 기간은 결코 짧은 것이 아닙니다. 그런데 그것을 앞에서 가는 사람이 해 주지 않으면, 20여 년 전 스무 살의 제가 이 일을 만나고 구원을 받는 일은 없었습니다. 그 시절 우연히 받은 은혜를 저의 대에서 끊어지게 해서는 안 된다고 생각한 이상, 허리띠를 졸라매는 편이 오히려 스트레스가 없다고, 허리띠를 졸라매며 생각합니다.

● 압도적인 역동성

2022년 2월 28일(월) 제45호

2021년 마지막 『서포터즈 신문』입니다. 한 해 동안 버팀목이 되어 주셔서 정말로 고맙습니다. 이번 호를 마지막으로 떠나는 분들도 계십니다. 서포터를 중단한다는 이유로 "보내 주신 책과 신문을 다 읽지 못해서 미안해요"라고 써 주신 분들이 몇 분 있었습니다. 그 글을 읽고 "죄, 죄송합니다"라고 생각하는 것과 동시에 "읽지 않아도 전혀 문제없어요. 그런 거 신경 쓰지 말아 주세요!"라고 외치고 싶었습니다. 서포터즈가 되어 주신다는 사실만으로도 큰 힘을 얻는걸요. 그 힘이 얼마큼 큰가 하는 것은 본지의 활동량을 보시면 금방 알 수 있을 겁니다. 이 편지는 극히 일부입니다.

　압도적으로 역동적인 집단. 최근에 저도 생각하기 시작했습니다. 그 말인즉슨 제가 대표를 맡은 별도 회사('주식회사 한 권'으로 개명했습니다)에서 보조금을 신청했는데 서류가 부족하다고 다섯 번이나(!) 퇴짜를 맞았습니다. 자세한 내용은 생략하겠습니다만, '이런 자잘한 부분이나 별거 아닌 거에 왜 이리 신경 쓰는 거야!' 하는 일의 연속이었습니다.

거꾸로 말하자면, 미시마샤에서는 그런 일에 신경 쓰면 주의를 받는 것(역으로 말이죠)들뿐입니다. "그런 것에 신경 써서 무슨 재미있는 일이 생기겠어?" 하는 것들요. 그만큼 '재미있는 일'을 향해서만 갈 수 있는 것은 서포터즈 여러분이 있어 주었기 때문입니다. 거듭거듭 올 한 해 감사했습니다. 그리고 어떤 형태로든[+] 앞으로도 잘 부탁드리겠습니다.

+   서점에 가는 것. 그것만으로 충분히 큰 응원입니다만 책을 집어 들어 구매까지 해 주신다면 엄청난 응원이 되겠습니다.

5년 차의 인사

미시마샤의 '새로움'은 계속됩니다. 이제 막 학교를 졸업한 신입이 동시에 두 명 들어왔습니다. 미시마샤로서는 처음입니다. 더불어 처음으로 신입 사원 연수를 하였습니다. 영업, 편집, 기획, MSLive! 등 디지털 사업. 이 네 팀의 업무 내용을 각 리더와 현장 감독이 설명했습니다. 리더는 지유가오카와 교토에 각각 한 명씩(호시노, 하세가와), 현장 감독은 각 팀에 한 명, 중견 멤버가 담당합니다. 이러면 '미시마샤도 꽤 회사다워졌구나' 하고 생각하실지 모르겠습니다. 어쨌든 미시마샤는 엄연한 주식회사긴 합니다.

단, 지금까지의 회사 조직과 좀 다른 것은 직급이 지위나 상하 관계를 의미하는 것이 아니라는 점입니다. 포지션과 책임량, 이 두 가지에 따른 것이죠. 부서를 나누지 않고 모두가 한 팀이 되어 운영하는 미시마샤는 축구 전술로 말하자면 전방위 축구를 지향합니다. 이것이 가능해지려면 오른쪽 윙이 맡겨졌을 때 우선 그 역할을 수행하는 것이 중요하지만, 혼자서 미드필더 전체, 풀백 전체를 모두 내려다보며 가뿐히 포지션을 넓힐 수 있는 사람이 나와야만 합니다. 그런 사람이 한 명이라도 있으면 팀이 아주 입체적으로 움직이지요. 즉 리더와 현장 감독은 경직된 상하 관계가 아니라 역동적인 활약을 끊임없이 이끌어내는 존재입니다. 그 실현을 뒷받침하는 것이 '새로움'과 '처음' 그리고 서포터즈의 존재라고 생각합니다.

● 되는 것과 하는 것

2022년 5월 31일(화) 제47호

"○○일까지 써 주세요."

입사한 지 한 달 남짓 된 신입 사원에게서 요청을 받았습니다. "아, 예" 하고 대답을 하면서도 신선하다는 생각을 할 수밖에 없었습니다. 왜냐하면 지난 2년 동안 본지의 담당자는 야마다 군이었기 때문입니다. 그에게 의뢰를 받을 때마다 "아, 네~"라고 대답을 하면서도 뭐랄까, 그다지 의욕이 생기지 않았습니다. 그런데 이번에는 정말로 돌변해서 "자, 반드시 마감을 지켜야지!" 하며 긴장하고 있습니다.

그 야마다 군은, 왜 그런지 모르겠지만 화장실 문을 잠그지 않아요. 교토 사무실에는 화장실이 하나밖에 없는데, 여성 사원이 문을 열었을 때 야마다 군이 거기에 서서 볼일을 보고 있는 일이 몇 번이나 있었다고 합니다. 그러던 어느 날 건물을 뒤흔드는 분노의 외침이 들려왔습니다. "장난하냐아아아~~~~~~~~악!!!"

할 말이 없군요. 그나저나, 사람이 변할 수 있을까요?

166

그걸 생각하기 전에 이야기 하나, 우리 집 초등학교 3학년 아들이 학교에서 "장래에 무엇이 되고 싶어요?"라는 질문을 받았나 봅니다. 다소 불만스러운 표정으로 아들이 나직이 중얼거렸습니다. "무엇이 된다는 게 무슨 말이야? 아무것도 되지 않아. 나는 나니까."

듣고 보니 그렇군요. "무엇이 되고 싶은가?" 이 질문의 배경에는 "뭔가 다른 존재가 되어야 한다"는 전제가 숨어 있습니다. 변태적 소망이라고 해야 할까요.

뭔가 '하는' 것은 있어도, '되는' 것은 필요하지 않을지도 모릅니다. 마찬가지로 앞의 질문도 불필요하게 느껴집니다. 변하지 않아도 됩니다. 그냥 하는 거죠.[+] 그것으로 좋지 않은가 생각하는 요즘입니다.

[+] 이전에 "조금씩 계속 변해 갈 것"이라고 다짐했습니다. 여기서 '가다'에 집중하고 싶습니다. 변화하는 것이 목적이 아니라 그저 계속해 가는 것, 그 결과 어느 순간 변화해 있는 걸 깨닫게 됩니다. 애벌레가 나비가 되듯이 말이죠. 야마다 군도 언젠가 변태(變態)하겠죠. '변태'가 되는 게 아니라요.

반년에 걸쳐 하카마はかま*를 만들었습니다. 염원하던 하카마가 다음 달이면 완성됩니다. 생각하는 것만으로 두근거림이 멈추지 않았죠. 그리고 드디어 완성품을 보러 가기로 한 전날, 뜻밖의 사실을 알게 됩니다. 이 프로젝트를 담당하던 이가 발주한 것은 하카마가 아니라 유카타였다는 사실을……. 그런 일이 있을 수 있을까요?

있습니다. 확실히 있어요. 단언할 수 있습니다. 왜냐하면 지금, 다름 아닌 제가 직면한 일이기 때문입니다. 물론 그 대상이 하카마는 아닙니다만.

6월 하순이면 미시마샤가 15년 동안 세심하게 이어 온 서점과의 직거래를 위한 시스템을 다른 출판사에서도 이용할 수 있게 됩니다. '주식회사 한 권'과 연계하여 자사 책만 유통되던 루트에 타사의 책이 함께 유통되는 '한 권! 클럽'이라는 서비스를 시작하거든요. 오랫동안 다들 희망해 왔던 그 루트. 거절할 때마다 아쉬운 마음을 품었던 안건입니다. 그 다년간의 숙원이 움직이기 시작합니다.

---

* 기모노 위에 갖춰 입는 통이 넓고 주름 잡힌 하의.

첫 번째로 '밸류 북스 퍼블리싱'이라는 새로운 출판사가 참가합니다. 이 경사스러운 일을 앞에 두고 근본을 흔드는 사실이 밝혀졌습니다. 그것은 담당자인 모리 군과 저 사이에 어떤 사항에 대한 인식이 전혀 달랐다는 겁니다. 외부 사람과 인식이 조금 어긋나는 것은 그렇다 치더라도 내부 사람과 설마⋯⋯. 어떻게 될까요, 이 프로젝트! (계속)

앞 호에서 "(계속)"이라고 마무리하였으므로 그 "계속"을 써야 합니다. 그런데 짐작하시겠지만 무엇을 쓰려고 하였는지 또 전혀 기억나지 않습니다. 그로부터 한 달 남짓이 너무나 격동의 시간이었거든요.

그래도 '한 권! 클럽'은 무사히 시작할 수 있었습니다. 염원이라고 말씀드린 프로젝트는 아슬아슬하게 좌절되지 않고 마무리했습니다. 다행히 저와 모리 군 사이에 벌어진 간극을 메울 수 있었습니다. 그 과정에서 경리팀의 아키코 씨와 사토 씨가 대활약! 매달 돈의 흐름부터 꼼꼼하게 강의해 주어서 이러한 흐름을 유지하기 위해서라도 왜 실수해서는 안 되는지, 마침내 그 이유를 알게 되었습니다. 그렇습니다. 사실을 말하자면, 모리 군을 비롯한 중견 멤버는 태연스럽게 실수를 반복하고 있었던 겁니다. 몇 번이고요. "와, 또 실수했네?"와 같은 느낌으로.

물론 이것을 '자유'로운 직장이라고 불러서는 안 됩니다. 무책임하다고 하는 것이 맞겠죠. 그리고 그건 모두 제 책임입니다. 제가 너무 안일하게 생각했나 봅니다. 언젠가 본인들이 스스로 깨달아서 약이 될 것이라고 믿어 왔던 것이…….

　글을 시작할 때 "격동"이라고 말한 것은 그동안 대형 실수가 두 건이나 있었습니다. 다시 생각해도 회사가 지금 존속하고 있는 것이 신기할 정도의 실수입니다. 서포터즈 여러분이 있었기 때문이라는 이유 말고는 다른 이유를 찾지 못하겠어요. 언젠가 그 내용을 웃으며 말할 수 있는 날이 오기를…….

● 노 마스크

2022년 8월 31일(수) 제50호

이전에 자주 다녔던 찻집을 1년 만에 찾았습니다. 이 글은 거기서 썼어요. 가게에 들어갈 때 "마스크를 써 주세요"라는 직원분의 말에 "마스크가 없어요"라고 대답을 하자 그는 "네?!?" 하고 순간 놀란 것 같았습니다. '아니요, 요전에 코로나에 이미 걸려서 감염도 되지 않고 감염시킬 일도 없어요' 이렇게 말할까 생각하다 말았습니다. 가게에는 가게의 방침이 있고 그것을 존중하고 싶습니다. 물론 감염이 확대되는 것을 막고 싶은 것은 두말할 필요도 없습니다.

단지…… 어른이 좀 더 적극적으로 마스크를 벗지 않으면 아이들이 불쌍하다고 생각합니다. 아이들에게 내려앉는 동조압력*, 이것이 너무 커지지 않도록, 너무 과중하지 않도록 하는 일이 어른이 해야 할 큰 역할이라고 생각합니다. 그러려면 예외를 많이 두어야죠. 저는 지금 의식적으로 동네에서 예외적인 역할을 하는 '이상한 아저씨' 역할을 하는 겁니다.

우리 집 초등학교 3학년 아이가 말하길 "웃을 때는

---

* 어느 특정의 또래 집단에서 의사결정을 실시할 때 주변 사람들의 의견에 맞추도록 암묵적으로 강요하는 것.

172

마스크를 써야해. 안 그러면 야단맞거든." 음, 마스크를 하고 웃는다라. 그것은 거짓 웃음이 아닌가? 마스크를 강제하며 아이들은 무엇을 잃어버렸는지는 좀 더 활발하게 논의해도 좋을 것 같습니다.

그렇다고는 하지만 이 상태를 한탄하거나 행정 탓으로 돌려도 현실이 바뀌는 것은 아닙니다. 혼자서 하는 행동은 미미할 수밖에 없습니다. 하지만 그 한 명의 예외가 희망이 되지 않는다고 할 수도 없습니다. 잊어서는 안 되는 것은 자신의 정의를 내세우지 않는 일. 자신이 정답이라고 생각하지 않는 것이라고 믿습니다. 그 상태에서 가능한 한 저는 '예외'로 계속 있고 싶습니다. 물론 요구를 하면 곧바로 (마스크를) 쓰겠습니다. 웃느라 타이밍을 놓쳐 좀 늦더라도 말이죠.

● **여름의 끝**

2022년 9월 30일(금) 제51호

오봉.* 고잔노 오쿠리비.** 8월은 어느 때보다 돌아가신
분들을 많이 떠올리게 되는 달입니다. 때마침 동시에 두
권의 유고집을 출간했습니다. 우연히 우리가 맡게 되었
고 때마침 이 시기에 발간하게 되었습니다. 지금 와서 생
각해 보면 그렇게 될 수밖에 없었다는 생각도 듭니다.

그런데 유고집의 저자 두 분은 미시마샤 서포터즈
와 인연이 깊습니다. 『매사 서툰 당신에게』つたなさの方へ
를 쓴 나스 코우스케 씨는 2017년부터 투병 생활에 들어
갈 때까지 수년 동안 서포터즈가 되어 주셨습니다. 미시
마거진에 쓴 글을 보시면 좋을 것 같습니다.+ 또 한 분은
『오다지마 다카시의 칼럼 너머의』小田嶋隆のコラムの向こう側라
는 책 제목대로 오다지마 다카시 씨입니다. 오다지마 씨
가 서포터였던 것은 아니고, 매년 부인께서 '남편 몰래'
하고 서포터가 되어 주셨습니다. 아마도 지금쯤 "서포터
를 하고 있었군!" 하며 실소를 흘릴지도 모르겠습니다.

생전에 쓰신 2년 동안의 칼럼을 다시 읽고 그중 열
여덟 편을 엄선해서 한 권으로 만들었습니다. 그 과정에

---

* 御盆. 양력 8월 15일에 지내는 일본의 최대 명절.
** 五山の送り火. 오봉의 마지막 날 밤에 교토를 둘러싼 다섯
개의 산에서 선조의 영혼을 보내기 위해 불을 밝히는 행사.

서 오다지마 씨의 변화를 느꼈습니다. 예를 들면 확실히 술에 대한 혐오를 전보다 드러내고 있었습니다. 젠더에 대한 언급도 많이 늘었습니다. 그런 변화를 포함해 오다지마 씨의 윤기가 흐르는 신선함을 그대로 담아 한 권에 실었습니다. 페이지를 펼치면 언제라도 '최신'의 오다지마 씨를 만날 수 있습니다. 그 사실이 새삼 놀랍습니다.[++]

　한 권의 책으로 만드는 일을 끝내니 홀가분하게 오다지마 씨와의 시간을 보낼 수 있게 되었습니다. 공간, 몸이라는 제약에서 해방된 오다지마 씨는 때때로 바로 옆에 나타나기도 합니다. 예를 들면 술자리 같은 곳에 말이죠. 그리고 이렇게 말합니다. "술은 안 좋아요." 코로나19 이후 눈에 띄게 술이 약해진 것이 집에만 있었기 때문만은 아니라는 생각이 듭니다.

+　『모두의 미시마거진』, 「나스 씨와의 영원한 책 만들기」 2022년 8월 26일 공개.
++　오다지마 씨와의 추억과 '너머의'라는 타이틀에 관해서는 『mal"03 특집 오다지마 다카시』에 기고한 「오다지마와 만든 너머의」를 읽어 보면 좋을 것 같습니다.

올해 10월 1일, 미시마샤는 창업 16주년을 맞이했습니다. 지금은 17년째의 나날을 걷고 있습니다. 사람으로 말하자면 만 열여섯. 나이로 열일곱 살입니다. 이 회사는 제가 서른한 살에 만든 회사이니 올해로 저는 마흔일곱 살입니다. 이 글을 쓰는 중에 인생 처음으로 돋보기라는 것을 썼어요. 이야~ 잘 보입니다. 지난 1년 정도 초점이 흐릿한 상태에서 글을 쓰고 있었던 겁니다. 감으로.

그러고 보면 열일곱 살 무렵은 어두웠습니다. 조금만 돌아봐도 어둠밖에 떠올릴 것이 없습니다. 청춘의 반짝임, 그런 건 전혀 없었습니다. 도대체 왜? 무슨 일이 미시마 쿠니히로에게 일어났던 것일까요? 교칙투성이인 불교계 남자 고등학교에 다녔기 때문이 아닙니다(그럼 말하지 마).

우선은 아이도 아니고 어른도 아닌 몸과 정신의 상태에 괴로워하고 있었기 때문일 것입니다. 또 하나는 가난이 빚어내는 주위의 공기에 허덕이고 있었기 때문입니다. 토끼장 같은 작은 집 일 층에서 자영업을 하던 우리 집은 거품경제 붕괴의 여파를 고스란히 견디고 있었습니다. 지금이니까 그 상황을 이해하지만, 당시는 그저 뿌옇게 탁한 공기에 휩싸여 있었습니다. 그 무겁고 둔탁한 공기를 제거할 힘도 없었고, 그저 몸부림치며 괴로워할 수밖에 없었죠. 가난함은 그 자체가 괴로운 것이 아니라, 그 상태로 인해 주위가 만들어 내는 무언의 여러 가지 것들이 괴로운 것입니다. 그런 것을 나중에 자발적으로 무직이었을 때나 여행자가 되었을 때 뼈저리게 느꼈습니다.

가난 자체는 오히려 즐거웠습니다. 스스로 원해서 그렇게 되면, 잃어버릴 것이 없는 만큼 '최고의' 나날을 보낼 수 있다고 지금은 생각합니다.

그나저나 이번 호에서는 열여섯, 열일곱 살부터 현재에 이르기까지 다양한 나이의 제가 등장하네요. 사실 다양한 연령대의 '나'가 있을 것입니다. 문제는 적절한 타이밍에 얼굴을 내밀지 못하는 것. 뭔가 모르겠을 때 신참처럼 물어보면 됩니다. 그런데 그러지 못합니다. 시야가 흐릿해질 때쯤 열일곱 살의 내가 나서서 알랑거립니다. 돋보기? 내가? 풋, 콧방귀를 뀝니다. 그런 일을 생각한 열일곱 살의 상쾌한 아침.[+]

+   이번 호를 쓸 때 제 의식에 올라온 것은 무엇이
었을까요? 다양한 연령대의 '나'가 있을 텐데 적절한
타이밍에 등장하는 것은 아니다. 그렇게 생각한 구체
적인 무언가가 있었을 텐데……. 지금은 전혀 기억나
지 않습니다. 아하핫.

● 깜빡깜빡 흐리멍덩

2022년 11월 30일(수) 제 53호

최근에 '흐리멍덩함과 편집'에 관해 생각하고 있습니다. 편집자에게 가장 필요한 자질은 '흐리멍덩함'이 아닌가 하고 말이죠. 혹은 '흐리멍덩함'을 갖추고 있다면 편집 일이 저절로 이루어지는 건 아닐까 생각합니다. 물론 이토 아사 씨와 무라세 다카오 씨의 수작, 왕복 서간집인 『흐리멍덩함과 이타』를 보고 한 생각입니다. 출간 전에는 '흐리멍덩함과 편집'이 연결될 수 있다고 전혀 생각하지 못했는데 이 구상이 차근차근 결실을 보고 있습니다. 실제로 그렇게 생각하고 다시 읽어 보니 더 그렇습니다. '짐짓 알았다고 생각하는' 장면에서도 치매 기운이 있는 노인을 상대로 하면 '짐짓 알았다고 생각하는 것'에도 못 미치는 장면이 많아집니다. 치매에 걸리면 시간과 공간을 헤아리는 것이 불안정하다고 합니다. 개념으로 사회를 아는 것이 아니라 날것을 생생하게 느낌으로써 세계를 포착하게 되는 것이죠.

어떤가요? 편집 일을 설명하고 있다고밖에 생각할 수 없는 내용입니다. 사실 저자와 편집자의 미팅에서 편집자 측이 '짐짓 안다고 생각'하는 순간 거기서 모든 것이 멈추어 버립니다. 그와 반대로 '어?' 하는 표정이 자연스럽게 나오거나 하면 서로 이해하는 것이 차이가 있거나 어긋난 것이 있다는 사실을 저자가 알게 됩니다. 그 차이와 어긋남을 메워야 하기에 전혀 다른 회로를 사용해서 사고하기 시작합니다. 그 결과 생각지도 못한 '재미'를 만날 수 있습니다. 편집 일을 하다 보면 몇 번이나 이런 순간을 지켜보게 됩니다. 기획자인 편집자가 '날것을 생생하게 느낀' 것에서 기획을 하는 것은 당연합니다. 이 정도로 '흐리멍덩함과 편집'은 서로 잘 맞습니다.

그렇다고는 하지만 시간과 공간을 헤아리는 것이 불안정해지면 책의 형태가 되는가? 라는 질문을 받는다면 대답은 "NO"입니다. 그것 또한 무리입니다. 시간을 통제하고 물건으로서의 책을 완성하는 작업도 편집에서는 중요한 역할입니다. 거기에는 기술도 필수적입니다.

단지 그러한 기술과 능력(총명함, 논리성 등)을 아무리 단련해도 '재미'에는 도달하지 못합니다. '흐리멍덩함'과 나스 코우스케 씨가 말하는 '서투름'을 향해서 온몸으로 풍덩 뛰어들지 않는 한 말이죠.

그러고 보면 창업할 때 "미시마샤의 방침은 '멍청함'

입니다!"라고 블로그에 썼습니다. 무슨 생각이었을까요? 그러자 존경해 마지않는 분에게서 "제 책도 멍청한가요?"라는 질문을 받았습니다. 멍청이는 저 혼자 되기로 하지요.

● 장사

2022년 12월 31일(토) 제54호

"이것이 장사의 기본이야." 직원에게 말한 순간 깜짝 놀랐습니다.

　　'장사'라고 말하다니. 이 내가……. 어릴 적 아버지가 '장사'라고 말할 때마다 너무너무 싫어했으면서……. 지금은 아무렇지 않게 제 입에서 나옵니다. 오리⊞(띠) 도매라는 전통 직물을 다루는 일을 하는 회사에서 수습생부터 일했던 아버지는 제가 초등학생이 되자마자 독립해 집에서 '장사'를 했습니다. 당연히 프라이버시 같은 것은 없었죠. 저의 놀이터였던 자리에는 서서히 옷감이 쌓였고, 저녁 식사 시간은 가족의 단란한 시간 같은 것과는 거리가 먼, 당장 내일 자금 융통을 어떻게 할 것인가에 관한 이야기로 채워졌습니다. 그런 상황에서 때때로 제가 불만을 토로하면 "이게 장사야!"라고 아버지는 한마디로 끝내기 일쑤였습니다. 장사라고 말하면 모든 것이 해결되는 것이었죠. 『미토 코몬』에 나오는 인장*이나 중세의 면죄부처럼 말이죠. 그 부조리함을 싫어했습니다.

＊에도 시대를 배경으로 한 일본의 텔레비전 사극 『미토 코몬』에 나오는 인장으로 가문의 문장이 새겨진 이 인장을 내보이며 외치면 주위의 모든 사람이 땅에 엎드려 조아린다.

182

30~40년이 지나 제가 이 말을 사용하게 되더군요. 희한하게도 그럴 때마다 아버지가 그 말에 담았던 의미가 조금씩 모습을 드러냅니다. "단골 거래처에 절대로 폐를 끼쳐서는 안 된다. 납기, 지불은 물론 상품 내용물도. 조금 무리인 주문이 들어와도 반드시 응한다. 왜냐하면 그것이 장사니까. 장사는 신뢰를 쌓는 것이니까. 한번 무너져 버리면 10년을 쌓아 온 신뢰도 한순간에 없어지니까."

심장병으로 수술하고 안정을 취해야 할 때도 일했던 아버지. "이게 장사야!" 하는 그 말을 전혀 이해하지 못해 안달복달했던 저. 그것이 '장사'라는 이름 아래 나를 키우기 위해서였다는 걸 이제야 압니다. 요전에 미시마샤 서포터이기도 한 즈이센지 절의 나카가와 주지께서 아버지의 7주기 제사를 올려 주셨습니다. 손 모아 합장했습니다.

"나는 죽을 것 같습니다. 도와주세요." 리처드 파워스가 쓴 『새들이 모조리 사라진다면』에서 소년 로빈은 동물들의 목숨을 구하기 위해 플래카드에 그런 말을 써 들고 의회 옆에 섭니다. 그러나 어른들은 무관심, 무시로 일관하죠. 생물 다양성, 동식물의 생존권, 이러한 호소는 경제활동이 최우선인 어른들에게는 좀처럼 닿지 않습니다. 그럼에도 이대로 두면 절멸종은 늘어날 뿐이죠. 어른들의 이해를 기다리다가는 늦습니다. 어쨌건 법의 정비를 추진하고 법적으로 규제하는 일을 통해 최악은 피할 수 있습니다. 이러한 움직임은 당연히 필요하고 유효하다고 생각합니다. 단 법률로 정해진 기준이 '절대'는 아닙니다. 거기에 저촉되지만 않으면 된다는 것도 아닙니다.

법률은 사태가 그 이상으로 악화되지 않도록 하는 일시적인 장치에 지나지 않습니다. 그러면 근본적인 해결에는 무엇이 필요할까요? 그것은 한 사람, 한 사람의 감각이 바뀌어 가는 것. 소년이 진심으로 아픔을 느끼고 호소하고 있는, 그 감각과 가까운 것을 가질 수 있게 되는 것이죠. 그 먼 여정을 생각하다 문득 '기업의 다양성'을 떠올렸습니다.

어른들이 중시하는 경제활동, 그것을 담당하는 회사들. 그러한 다양성을 존중하는 것이죠. 거기서부터 먼저 시작하는 것은 어떨까요? 기업 활동을 보는 시각이 '흑인이냐 백인이냐', '좋으냐 나쁘냐' 하는 것만으로는 너무 빈약합니다. 실제로 환경문제에 관심이 많은 학생과 만날 때조차도 "거기는 흑인이니까"라고 단칼에 잘라 말하는 것을 들을 때가 있습니다. 자연계의 다양성은 추구하면서 인간계는 그렇게 흑백으로 딱 잘라서 양극화시키는 걸까요?

아마도 우리는 우리의 경제활동을 담당하는 기업에 관해서 말할 제대로 된 어휘꾸러미조차 없는지도 모릅니다. 회사의 다양성을 존중하는 것은 자연과 생물의 다양성 그 자체를 존중하는 것과 직결됩니다. 반드시.

3장
회사를 굴리는
새로운 방법

어두운 밤을 비추는 우리 일

놀랐어요.

　2장 원고를 다 읽고 매우 놀랐습니다. 이틀 전에 1장 교정지를 읽으며 이 한 문장을 추가했어요. "지금 당장은 우리 회사가 추구하는 방식이 특이해 보일지 모르겠지만 시간이 흐르고 우리의 운영 방식에 공감하는 회사가 하나둘 등장하면 결과적으로 '특이함'이 '특이함이 아니게 되는' 것을 목표로 삼아 변화하고 싶습니다." 그런데 2장 후반 「되는 것과 하는 것」에서는 이렇게 쓴 것이 아니겠어요? "변하지 않아도 됩니다."

변하지 않으면 안 되는 것 아닌가? 5년 분량의 여러분께 드린 인사의 기록을 다시 읽으며 달라지는 힌트를 찾아보고 싶었습니다. 이렇게 글을 되짚어 보며 찾은 한 문장이 "변하지 않아도 됩니다"였어요.

2023년 2월 15일, 장소는 후쿠오카시 중심부. 아마쿠사와 후쿠오카에서 연일 열린 마쓰무라 게이치로 씨의 책 『작은 자들의』小さき者たちの 출간 기념 이벤트를 끝낸 다음 날 아침의 일입니다. 오카야마로 돌아가는 마쓰무라 씨를 배웅한 후 이 원고를 다 읽은 저는 호텔에서 어이없어 하고 있었습니다.

변하지 않아도 되는 걸까요. 그렇다고 하면 이 책 전체에서 말하고 있는 '재미를 계속 실현하기 위해서 필요한 변화는?'과 같은 질문은 성립하지 않는 걸까요? 그럼 이 책도 성립하지 못하는 것인지?

"아니." 혼자서 고개를 가로저었습니다. 아, 안 될지도 모른다고 생각하면 결국은 그 흐름에 제가 휩쓸리고 맙니다. 조금의 강한 척은 때로 필요하고, 그것으로 일이 돌아갈 수도 있지요.

애당초 이때는 허세를 부린 것이 아니라 확실히 괜

찼다고 느끼고 있었습니다. 왜냐하면 아마쿠사와 후쿠오카에서 보낸 2박 3일의 시간이 너무나도 농밀했기 때문입니다. 아주 농밀한 시간이었죠.

이 이틀 동안 느낀 농밀함은 제 안에 남아서 버팀목이 되었습니다. 소금 호수에 몸이 붕 뜨는 느낌이라고나 할까요. 시간의 밀도가 높아지고 농도가 짙어져 그 시간에서 만들어진 무언가가 내 몸을 감싼다고 쓴다면 "그게 무슨 의미야"라고 추궁받을 것 같지만, 여하튼 매우 농밀한 시간의 연속이었습니다.

언젠가 더 자세히 이야기할 기회가 있을 텐데요. 지금에 와서 실감하는 것은 뜨거운 것과 농밀한 것은 종류가 다르다는 점입니다. 저의 경우 창업 무렵부터 한 10년 정도까지는 에너지(열량)라는 표현을 자주 사용했습니다. 비교적 농밀함, 농도를 의식하는 일은 상대적으로 적었고요.

'한 권의 책에 혼을 담는다.' 이 말에는 책 한 권에 내가 가진 최대한의 에너지를 쏟아 담는다는 의미가 깃들어 있습니다. 이 다짐은 지금도 바뀌지 않았습니다. 다만 에너지를 책 한 권에 다 사용해 버려서 다음 에너지가 부족한 일이 종종 생기곤 합니다. 그래서는 책 만드는 일이 '불꽃놀이'에 모조리 다 쏟아붓고 끝나 버리는 연중행사가 되고 말지요. 오히려 우리의 일은 매일매일 어두운 밤을 비추는 가로등과 닮았습니다.

완성할 때까지 끝나지 않는 디자인 강좌

후쿠오카에서 돌아온 이틀 후 시간의 농밀함이 한층 더 깊어지는 경험을 했습니다.

2월 17일 17시에 시작한 '완성할 때까지 끝나지 않는다! 요리후지 분페이와 영업 담당 스가의 무제한 디자인 강좌'. 2장에서 몇 번이나 등장한 스가 군이 디자인에 처음 도전했습니다. 지금 이 책의 자매판에 해당하는 책 (서포터즈 한정판 비매품)을 스가 군이 디자인하게 되었어요. 그 경위에 대해서는 행사 전날에 쓴 '들어가는 말' 후반부에 다음과 같이 썼습니다.

어떤 책이 될지 이 글을 쓰는 지금은 전혀 알 수 없어요. 왜냐하면 놀랍게도 이 책의 본문 레이아웃과 표지 디자인을 미시마샤 영업팀의 희망 스가 군이 맡았기 때문입니다. 물론 인생 첫 디자인 작업입니다. 아마도 본문 레이아웃이 뭔지도 모르는 것 같습니다. 아마 서포터즈 여러분조차 "어이쿠!"라고 느끼실 겁니다. 그런 아마추어에게 갑자기 디자인을 맡기는 건 무리잖아, 당신들 아무리 그래도 너무 무모한 거 아니야? 생각하실 겁니다. 저도 그렇게 생각합니다.

당초 디자인은 기획마케팅팀 리더인 하세가와 씨가 담당할 예정이었습니다. 그런데 모처럼의 기회이니 미시마샤 로고를 만들어 준 요리후지 분페이 씨에게 라이브 강좌로 배우면서 디자인을 결정하자고 한껏 사내 분위기가 고조되었습니다. 요리후지 씨에게 그 취지를 의논하니 "출연하는 것은 문제될 것이 없지만, 하세가와 씨에게 가르칠 것은 없어요. 음, 스가 군이 학생 역할이라면 재미있을지도 모르겠네요"라는 대답이 돌아왔습니다.

그 기세를 몰아서 기획한 것이 MSLive! '완성할 때까지 끝나지 않는다! 요리후지 분페이와 영업 담당 스가의 무제한 디자인 강좌'입니다.

강좌 안내문에 요리후지 씨는 "설령 스가 군이 디자인이 처음이라고 해도, 디자인되는 책의 입장에서는 상관없는 얘기니까요. 제대로 완성될 때까지 합시다"라는 말을 해 주셨습니다. 실은 이 '들어가는 말'을 이 강좌 전날에 쓰고 있습니다. 내심 어떻게 될지 불안한 마음 가득합니다.

'나오는 말'은 만면에 미소를 지으며 이렇게 쓰고 싶다고 기도할 뿐입니다. "자, 정말 재미있는 책이 완성되었습니다. '들어가는 말'에서 한 말이 실현되었네요."

당일 저는 교토 사무실에서 온라인으로 초반에 잠깐 출연하고, 그다음부터는 요리후지 씨와 스가 군 두 사람에게 맡길 생각이었습니다. 그런데 요리후지 씨가 "이 책을 기획한 미시마 씨에게 지금부터 이야기를 듣고 싶다"고 말했습니다. 확실히 이 강좌를 위한 미팅 때 요리후지 씨는 읽기, 본문 레이아웃, 표지 디자인, 이렇게 3단계로 나누어서 할 것을 제안하셨습니다.

"디자이너가 텍스트를 읽는다고 하면 일단은 그 책을 어떤 스타일로 디자인하면 좋을지 파악하는 것부터 시작합니다. 그러니 그 책을 기획한 사람에게 이야기를 꼭 들어야 합니다."

이런 말을 들었으니 저도 말을 하지 않을 수 없습니

다. 그런데 "애당초 미시마 씨는 왜 이 책을 만들려고 한 걸까요?" 하는 질문에는 몹시 당황하고 말았습니다. 대답할 말을 찾지 못했습니다. "음…… 솔직히 말해서 별생각 없었습니다." "예? 뭐라고요?" 하는 듯한 표정이 순간 그의 얼굴에 떠오른 것 같았지만, 요리후지 씨가 애써 말을 이었습니다.

"그렇지만, 그렇지만 말입니다. 미시마 씨의 마음속에서 이 책을 만들자고, 만들고 싶다고 뭔가 생각한 것이 있으니 기획하신 거죠?"

"뭐……, 그렇죠."

이렇게 쓰고 보니 참으로 부끄럽습니다. 도대체 저는 뭐 하는 사람일까요? 정말이지 편집자는 맞나, 생각하게 됩니다. 그냥 바보가 아닐까요. 음, 바보 맞지.

"질문을 조금 바꾸겠습니다." 요리후지 씨가 다시 질문했습니다. "이 책을 서포터즈에게 선물하시는 거죠?"

"예."

"어떤 이유로 해마다 수백 명이나 되는 사람이 미시마샤의 서포터즈가 될까요?"

제가 즉시 대답했습니다. "그것은 서포터즈에게 물

어보셔야죠."

나는 진짜 어떻게 된 게 아닐까, 생각 같은 건 전혀 안 하는 게 아닐까?

"아뇨, 미시마 씨가 모집하고 있지 않나요. 왜 그렇게 모이는지 생각해 보지 않나요, 보통은."

지당한 말씀이라고 생각하면서 대답합니다.

"제가 서포터즈라면, 그 입장에서 말한다면……."

"아뇨, 아뇨. 그걸 주재하는 분이시죠."라며 쓴웃음 짓는 요리후지 씨.

"그렇죠, 그렇긴 합니다만. 서포터즈 입장에서 한번 생각해 보면 말이죠. 제가 그 입장이라면 무슨 일이 일어날지 모르겠다 싶은, 이런 재미!를 느낄 것 같습니다."

요리후지 씨가 실소하며 질문을 바꾸었습니다. "잘 알겠습니다. 그러면 이 책이 서포터즈에게 닿았을 때 그들이 어떻게 생각하면 좋겠습니까?"

"어떻게?"

정말로 생각해 본 적 없었습니다. 기뻐할 것이 틀림 없다, 당연히 그렇게 생각하고 있었죠. 책을 받으면 틀림없이 "뭐야? 이거" 하고 생각하지 않겠습니까. 책을 펼쳐 보며 뭔가 전해지면 좋겠다는 생각 같은 것을 하나요?

"글쎄요…… 음, 전부 미시마샤! 그래요, 그렇습니다. 책에는 보통 저자명을 내세우고, 편집자나 출판사가 앞으로 나오는 일은 별로 없습니다만 이번에 여러분에게 전할 책은 '우와, 모두 미시마샤 그 자체잖아'라고 생각해 주시면 기쁠 것 같아요."

"아, 그렇군요. 잘 알겠습니다."

뭐라고, 알았다고요?

제가 한 말이긴 한데 서툴고 변변치 않음에도 정도가 있습니다. 이 질문 주고받기를 거쳐서 알았다고 말하는 디자이너라니요. 요리후지 씨와 일을 할 때마다 그가 포인트를 잡아내는 초인과 같은 감각에 놀라는데요. 하지만 이날 느낀 놀라움은 예사롭지 않았습니다. 게다가 이 한 시간 남짓 이야기를 듣는 것에 그치지 않고, 저의 끔찍한 답변을 줄곧 단서로 삼아서 요리후지 씨와 스가 군은 본문 레이아웃과 표지 디자인의 방향을 찾아갑니다. 예고한 대로 완성할 때까지 끝나지 않는 시간 무제한으로.

결국 오후 5시에 시작한 강좌는 기어이 자정을 넘겨 새벽 1시가 지나서 끝나게 됩니다. 마치 약속이라도 되어 있던 것처럼 훌륭한 착지에 성공했습니다. 결과적으로 이날 온라인에서 여덟 시간이 넘는 이벤트를 하게 된 셈입니다. 실시간으로 창작, 아이디어 짜내기, 공작, 드로잉, 사고, 대화, 이러한 하나하나의 단계가 정성스럽게 진행되었습니다. 저의 변변치 않은 말도 열매를 맺었고요.

화면 너머로 시간의 농도가 가시화된 여덟 시간이었습니다.

일반론의 죄

규슈에서 돌아오고 나서 얼마 지나지 않았을 때 공립 초등학교에 다니는 아이를 둔 어머니와 이야기를 나눌 기회가 있었습니다.

"초등학교 3학년 아이가 눈물을 머금고 집에 왔어요. 무슨 일이야? 하고 물어보니 닭똥 같은 눈물을 뚝뚝 흘리면서 안기는데 말이죠, 몸이 아주 뜨거워서 열을 재어 보니 39도인 겁니다. 조금 안정을 찾고 나서 아이가 조금씩 말하는 것을 듣자니 솔직히 분노가 치밀어 올랐어요."

　점심 무렵부터 아이는 힘들었다고 합니다. 코가 막혀서 숨도 겨우 쉬었고요. 이윽고 학교가 끝나고 집에 갈 수 있다고 생각했는데 "남아서 숙제해라"라는 말을 들었지요. 숨쉬기가 어렵다고 말해도 선생님은 마스크를 벗으라고만 할 뿐 계속 공부를 시켰습니다. 그날 밤 열이 40도를 넘었습니다. 다행히 다음 날은 열이 떨어졌습니다. 코로나도 아니고 독감도 아니었다고 합니다.

　하지만 자칫하면 아플 것이 분명한 학생의 상태를 무시하고 방과 후에 남을 것을 강요한 선생님의 대응은 큰 문제를 야기할 가능성이 있습니다. 아이가 무사했으니 그것으로 '다행'이라고 끝낼 수만은 없는 노릇입니다. 문제가 표면화되었을 때는 이미 늦은 거죠.

　심하다는 생각이 들었습니다. 화가 나서 "그건 심해요"라고 말하자 그 어머니는 "저도 그렇게 생각하고 불만을 토로하려고 생각했죠. 그런데 그만두었어요"라고 했습니다.

　이럴 때면 문제를 모두 선생님 탓으로 돌리기 십상이죠. 실제로 선생님 개인의 문제도 큰 것은 사실입니다. 문제를 제기하면 선생님이 어떤 처분을 받을 가능성도 있을 겁니다. 그런데 어머니는 "현장 선생님의 문제로 다 돌리면 안 된다"며 이야기를 이어 나갔습니다.

확실히 선생님들의 정신질환에 의한 장기 휴직이 점점 늘어나고 있는 것 같습니다. 장시간 노동 문제도 지적되고 있죠. 그러니 선생들의 융통성 없는 대응을 개인 역량으로만 돌리는 것은 무리가 있을지 모르겠습니다.

'아이들의 학력을 증진하자'

이 일반론을 바탕으로 일본문부과학성과 교육청은 선생들에게 '학력 향상'을 강제하고 그 결과 선생들은 필사적으로 '커리큘럼대로' 움직입니다. 그 연장선상에서 일어난 하나의 사례이겠지요. 커리큘럼대로 움직이는 것이 목적이 되어 아이 한 명, 한 명의 얼굴을 보고, 그 목소리를 들으며 보살피는 교육의 근본을 방치한 채 목표만을 달성하려고 해서 이렇게 되는 거죠.

그러면 이것은 문부과학성만의 문제일까요?

물론 책임이 크겠죠. 동시에 이렇게도 생각합니다. 이것은 한 명, 한 명, 우리 모두의 문제이기도 하다고요. 왜냐하면 "아이들의 성적을 올립시다"라는 말을 듣고 반발하는 사람은 없지 않을까요? 학력이 전부는 아니라고는 하지만 학력 신장 자체에 반대하지는 않는 의견이 태반을 차지하고 있다면 '아이들의 학력을 신장시키자'는 주장은 일반론이라고 할 수 있습니다. 이러한 전체의 뜻을 바탕으로 문부과학성의 결정이 도출된 것입니다.

즉, 우리가 부단히 했던 평소의 결정들이 돌고 돌아서 급기야 아이들을 찌르는 겁니다. 우리를 찌르는 것이죠. 좋은 일도, 나쁜 일도 말입니다. 그런 의미에서 말은 부메랑입니다. "선생님께 말하지는 않으려고요." 마지막에 어머니가 덧붙이신 말이 담고 있는 의미가 참 무거웠습니다.

통념과 실태 사이에서

특별히 교육만의 이야기가 아닙니다. 어디에서든지 일어나는 일입니다. 물론 우리 회사도 예외는 아니죠.

예를 들면 창업 이래 내걸어 온 '일책입혼'一冊入魂이라는 말. 한 권의 책마다 혼을 담아 그 에너지(열량)를 떨어뜨리지 않고 독자들에게 전하겠다는 다짐을 우직하게 이어가고 싶습니다. 그렇게 생각하고 내걸고 온 말이긴 한데, 뒤집어 생각해 보면 그 실천은 계속 말하지 않으면 안 될 정도로 어렵습니다.

　　실제 영업 현장에서는 이 다짐이 힘을 잃기 십상이
죠. 미시마샤도 회사인 이상 매출 목표를 세웁니다. 그
런데 그중에는 그 숫자를 달성하는 것 자체가 목표가 되
어 버린 이도 있습니다. 그 결과 한 권의 책마다 혼을 담
기는커녕 껍데기뿐인 영업을 하기도 합니다. 책에 대한
이해가 전혀 없는 채로 서점 직원에게 소개해 버리는 거
죠. 그런 일이 생기지 않도록 업계 수준과 비교해 사원
수 대비 연간 출간 권수를 3분의 1 정도로 유지하고 있습
니다. 편집뿐만 아니라 영업 사원 전원이 원고를 숙독하
고 내용이나 특이점, 서점과 독자와의 접점 등을 파악하
고 궁리해 영업하려고 합니다. 줄곧 그렇게 하고 싶다고
생각해 왔습니다.

　　그런데 때론 껍데기만으로 그쳐 버릴 때도 있습니
다. 실력 부족과 숫자에 묶여 버리는 것, 어느 한쪽 혹은
양쪽 모두를 이유로 들 수 있을 것입니다. 그리고 경영을
담당하는 입장에서 말하자면 다음과 같은 일반적인 통
념에 늘 노출될 수밖에 없습니다.

　　— 　월급은 인상하기

- 노동시간은 가능한 한 줄이기
- 사원에게 유급 휴가 주기(출산 휴가, 육아 휴직 등)
- 복리후생 제도 갖추기
- 한 사람, 한 사람이 존중받는 직장 환경 만들기

물론 요새는 당연하게 여겨지고 있는 것들이죠. 미시마샤도 마음속에 잘 담아 그렇게 하고 싶다고 생각합니다.

한편 독자 여러분이 "앞으로도 재미있는 책을 기다릴게요"라고 하시는 말씀을 듣습니다. 그 목소리에 당연히 응답해야 하고 그렇지 않고서는 사업을 지속할 수 없습니다. 따라서 어떻게든 대응하려고 합니다. 경제계, 개인, 나라, 자치단체부터 손님, 동료, 거래 회사까지…… 전방위로 밀려오는 일반적인 통념의 압력과 기대 등 모든 것에 대응하면서 회사의 핵심(우리 회사의 경우 '재미')을 기어이 성취하고자 하죠. 현재 일본에 있는 작은 조직의 책임자들은 이런 양쪽의 목표를 동시에 달성할 것을 요구받습니다. 그런데 과연 그런 일이 가능할까요? 애당초 무리가 아닐까요.

때마침『주뼛주뼛 육아 휴직』おそるおそる育休이라는 책을 출간했는데요, 이 글을 쓰는 현재 미시마샤에서는 육아 휴직이 가능할지 잘 모르겠습니다. 노동자의 권리인 것은 분명합니다. 당사자에게는 휴업 수당도 줍니다. 그런데 회사(자영업자, 프리랜서를 포함하는)에는 보상이 없어요. 대상자가 빠진 기간으로 인해 발생하는 매출 하락에 대한 보전도 없고 한시적인 인원 보충 같은 것도 없습니다. 남은 직원들끼리 똑같은 양의 일을 하면서 매출을 떨어뜨리지 않아야 합니다. 오히려 매출을 올리고 경제적 여유를 만들어야 하죠.

　그것이 '경영자의 책임'이라고 다들 암묵적으로 말합니다. 대기업이라면 지당한 말일 테지요. 그런데 작은 조직, 특히 우리 같은 영세기업이 그러한 정론에 정면으로 맞서서 회사를 유지하기는 어렵습니다.

　이전에 작은 출판사를 작은 배에 비유한 적이 있습니다. 오백 명, 천 명을 태우고 기계 엔진으로 운행하는 대형선이나 거함과 달리 작은 배는 사람의 힘, 인력으로 움직입니다. 아슬아슬한(이 이상 더는 줄일 수 없는) 인원으로 운영되는 것이 대부분이죠. 만약 열 명으로 구성된 조직에서 출산 휴직, 육아 휴직으로 한 명이 빠지게 되면 그 사람의 일을 나머지 아홉 명이 채우면서 일합니다. 그런데 생각대로 되지 않아서 실제로는 이럴 때 일을 잘하는 한 사람 혹은 두 사람의 부담이 가중됩니다. 결과적으로 일을 잘하는 소수의 초과 근무가 많아질 수밖에 없어요. 그것을 피하고자 인원을 보충하면 휴직한 사람이 돌아왔을 때 기다리고 있는 것은 인원 초과. 열 명타는 배에 열한 명, 열두 명이 타는 것은 천 명 타는 배에한두 명 느는 것과는 차원이 다릅니다.

이러한 현실에 놓인 작은 조직에서 육아 휴직은 어떻게 하면 가능할까요. 아마도 일본의 영세기업은 똑같이들 고민할 것입니다.

지금까지는 해결 불가능하다고 생각되는 갈등 앞에서 우리 회사는 조금씩 배 크기를 키우는 선택을 해 왔다고 생각합니다. '생각합니다'라고 쓴 것은 그렇게 확실히 의식하고 선택한 것은 아니기 때문입니다.

앞서 「목표」라는 글에서 회사를 크게 키우지 않는 것이 목표라고 썼습니다. 그것은 창업한 지 얼마 되지 않았을 무렵부터 작은 배에 사람이 늘어나는 것의 위험성을 직감했기 때문인 것 같습니다.

한편으로 인원수가 늘어난 데 대해 "전방위의 기대

에 조금이라도, 조금씩이라도 대응하는 데 필요한 최소
한의 인원수"라고 썼습니다. 늘리는 것도 위험하고, 줄
이면 줄인 대로 또 힘이 듭니다. 어느 쪽으로 굴러가도
예삿일이 아닙니다. 일반 통념과 실태와의 간극은 좁혀
지지 않고 갈등은 끝이 나지 않더라고요.

과감히 정리하지 말지어다

재미있게도, 문제 해결 방법은 없으면서 한없이 핑계
만 댑니다. 이는 대기업에서 통용되는 논리와 수법을 한
참 밑에 있는 우리까지, 즉 전체로까지 적용하려고 하기
때문입니다. 위에서 정한 바로 '그 한마디'를 다들 따르
려는 것이죠. 그러니, "윗사람들이여, 제발 살생하지 말
기를."

드라마에 나올 법한 오뎅 포장마차가 오피스 거리 한가
운데 있었다. 시조 가라스마 호텔 근처 이나바야쿠시
사찰의 문 앞에서 장사를 하다 1월 하순에 영업을 종료
했다. 도로 사용 허가를 받아서 영업을 하고 있었는데

작년 가을, 갑자기 경찰에서 조건위반을 했다며 철거 명령을 내렸다.

　　　　　　　　—「범어」,『교토신문』(2023년 3월 6일 자)

　　포장마차와 대형 체인 선술집에 영업 기준을 일률적으로 적용하면 이렇게 될 수밖에 없습니다. 조건위반이 무엇을 가리키는지 모르겠지만, 아마도 위생 기준 같은 것에 미치지 못한 것이 아닐까 싶습니다. 내가 어릴 적에는 포장마차에서는 그릇을 씻는다고 해도 물통에 잠깐 담그는 정도였습니다. 그것이 불결하다고 느끼는 사람은 애당초 그곳에 가지 않아요. 아니, 가서는 안 됩니다. 이 기사를 보도한 신문에서는 "삭막한 빌딩가에 옛 도읍의 정취를 자아내는 무대장치와 같은 존재였다"고 했는데, 그 좋은 점을 아는 사람만이 가는 곳이었습니다. 그러나 이제는 그럴 수 없게 되었습니다.

　　작년에 교토 니시키 시장에서 절임 식품 가게를 운영하는 이노우에 씨에게 들은 이야기도 비슷합니다. "미시마 군, 교토의 절임 식품 가게가 막 없어지고 있어. 지금까지는 '신고제'였는데 '허가제'로 바뀌어서 말이지. 예를 들면 현관에서 음식을 만드는 주방까지 바로 갈 수 없다든지, 상가주택에서 하던 가게는 돈을 들여서 개조 공사를 해야 한다든지, 위생 기준 같은 것도 어떠한 절차를 거쳐서 이러저러한 조건을 통과한 절임류 외에는 판매할 수 없다고 한다든지 하는 식이야. 그런 건 공장에서나 가능하지, 나이 든 아버지, 어머니가 작은 규모로 운영을 해 온 작은 식품 가게는…… 전부 닫을 수밖에 없어."

외식업의 까다로운 위생 기준을 충족해야 한다는 이 일반론이 '작은' 가게들을 밀어내는 겁니다. 그리고 반복하지만, 이것은 비단 경찰과 행정, 국가만의 문제가 아닙니다. 평소에 이러한 일반론을 지지하지 않는다고 해도 반발하지 않고 그냥 받아들이고 마는 우리 개개인의 판단이 포장마차를, 우리 지역의 절임 식품 가게를 사라지게 합니다.

기사에는 경찰의 지시를 받았다고 나오는데 손님 중 한 사람이 경찰에 신고했을 가능성도 있습니다. 그 정도는 아니더라도 위생 기준을 포장마차에서 체인점까지 일률적으로 요구하는 우리의 감수성이 개별적으로 계속 대응할 수 있는 배짱을 개인이나 조직에게서 빼앗아 가고 있습니다. 기사 속 '경찰'은 당신일 수도, 혹은 저일 수도 있습니다.

작은 것, 약한 것을 향해 일반론이라고 하는 달콤한 사탕을 뿌리면, 그것들은 순식간에 무너집니다. 물론 그 대세는 "식중독에 걸리면 어떻게 할 거야? 당하는 것은 우리 소비자인데!"와 같은 정론에 의해 정당화되지요. 이 무간지옥의 상황에서 도대체 어떻게 하면 좋을까요? 잘 모르겠습니다.

재미라는 밭에 씨 뿌리기

규슈에 가기 전 이런 생각을 했습니다. 밭과 결계結界. 이 두 가지 관점에서 해답의 힌트를 찾을 수 있을 것 같다고요.

지난 몇 년 동안 저는 우리의 책 만들기를 밭에서 짓는 농사에 비유하곤 했습니다. 이런 비유를 하게 된 배경에는 2015년 『밥상』 창간 이래, 스오오시마에 다니며 농가 분들과의 교류가 있습니다. 그중에서도 미야타 마사키 씨와의 만남이 결정적이었습니다.

2013년에 야마구치현 본토 쪽에서 섬으로 이주한 미야타 씨는 자연농법으로 농사를 짓기 시작했습니다.

그는 경작을 포기하고 내버려 둔 땅을 직접 개간해서 해마다 조금씩 밭을 늘리고 있습니다. 한 구획, 한 구획씩 밭을 늘려 가는 모습은 조금씩 작풍을 확장해 가는 작가의 모습과도 겹칩니다.

개간할 때는 가능한 한 기계를 사용하지 않고 인력으로 밭을 일굽니다. 이를 통해 기름진 땅을 해치지 않고 비옥한 그대로 살리려고 합니다. 개간하고 이랑을 만들고 밭이 되는 과정에서 들이는 품은 상상을 초월합니다. "와, 정말 예삿일이 아니었어요"라고 볕에 그을린 얼굴을 찡그리며 미야타 씨가 말을 잇습니다. "그런데 일단 품을 들여서 밭을 만들고 나면 그다음은 흙이 알아서 채소를 키워줍니다."

농약을 사용하면 수확량과 품질은 안정적일 수 있지만, 토양 자체는 상하기 쉽습니다. 그래서 수확 후 한 해 동안은 그 밭을 쉬게 할 필요가 있다는 이야기도 있죠. 하지만 미야타 씨의 밭은 매년 심고 수확해도 흙이 메마르지 않습니다. 흙 본래의 힘을 살리는 방식을 취하면 채소는 알아서 자랍니다. 미야타 씨가 전하는 말에서 제 마음대로 그런 메시지를 받았습니다.

스오오시마의 농부들과 교류하면서 언젠가부터 출

판사를 하는 우리의 일과 비교해 생각하는 것이 습관이 되었습니다. 예를 들면 우리의 일도 미야타 씨의 땅 일구기와 비슷하지 않은가 하는 생각을 문득 하는 거지요. 제가 그렇게 생각하고 싶어서 그런 것일 수도 있겠지만요.

땅에 기획이라는 씨와 묘목을 심습니다. 그것들이 이윽고 한 권의 책이 됩니다. 물론 흙에는 농약을 사용하지 않아요. 속성재배를 위한 촉진제 또한 거절합니다. 환경과 대화하면서 작물이 흙 속에서 자라는 것을 지그시 지켜볼 뿐입니다. 미야타 씨의 경우 비료는 겨울철에 벌채해서 토막을 낸 대나무 쪼가리 혹은 해조류 말린 것을 이용하거나 그 지역에서 나는 재료로 직접 만들어서 사용한다고 하네요.

우리 회사의 경우에 비추어 보면, 비료에 해당하는 것은 관계를 맺고 있는 사람들의 '목소리' 같습니다. 편집자의 목소리는 말할 필요도 없지만, 편집부와 영업부 모두가 함께하는 책 제목 회의에서의 목소리, 영업부 사람이 듣는 서점원들의 목소리, "다음 책도 기대하고 있어요"라고 말해 주는 서포터즈 여러분의 목소리, 독자 엽서에 써 주신 목소리…… 이러한 다양한 목소리가 미시마샤라는 밭의 흙을 기름지게 만들어 줍니다.

반대로 비옥함을 방해하는 것, 흙을 메마르게 하는 것은 반드시 조심해야 합니다. 우리가 지향하는 자연농업을 실현하려면 밭에 넣지 말아야 할 것이 있습니다. 땅을 메마르게 하는 독한 농약은 심한 경우 오히려 채소를 죽입니다. 그런 것을 넣지 않기 위한 단호함이 필요합니다.

물론 농약 자체를 부정할 생각은 없어요. 각각의 농법이 있어야 한다고 생각합니다. 단, 자연농법으로 가자고 한다면 그에 맞는 비료와 방법을 받아들여야 합니다. 다양하다는 것은 '무엇이든 다 있다'는 뜻이 아닙니다.

참고로 저는 편의점 식품도, 패스트푸드도 가끔 먹습니다. 우리 집 아이들도 아주 좋아합니다. 동시에 무농약으로 키운 농가에서 직접 산 채소나 그 계절에 가장 많이 나고 맛도 제일 잘 든 제철 음식을 적극적으로 먹습니다. 그건 그거고 이건 이겁니다. 여기에도 두 가지 현실이 있네요.

여하튼 미야타 씨의 흙에서 자란 채소가 맛있는 것처럼 미시마샤라는 밭에서 나온 책도 재미있기를. 이런 마음으로 요 몇 년 편집을 합니다.

저공비행, 번개를 맞다

규슈와 디자인 강좌에서의 알찬 시간을 경험한 후부터 이렇게 생각하기 시작했습니다. '우리는 그동안 제작과 경영을 너무 섞어서 일하고 있었구나…….'

책 만들기와 흙 만들기를 겹쳐 보는 것까지는 괜찮았습니다. 일반론에 휩쓸리지 않는 제작의 한 방식으로 자연농업 방식처럼 책을 만드는 것. 물론 가능한 일일 테지만, 그렇다고 지속성을 보장하지는 않습니다. 재미있는 것을 만든다고 그것이 곧바로 '팔린다'로 직결되지 않는 것처럼요.

좋은 것, 재미있는 것, 멋진 것. 그러한 것을 만드는 곳이나 파는 가게는 세상에 수없이 많습니다. 그런데 실제로는 그 모두가 번창하지는 않죠. 좋은 것을 만들어 팔고 있다고 해서 경영이 잘 된다고 할 수도 없습니다.

미시마샤의 일은 '재미'를 만들어서 계속 전달하는 것입니다. 그러려면 '재미'를 만들어 내는 토양을 빼놓을 수 없습니다. 제조업에서 필수 불가결한 것이라 그렇습니다. 단, 경영을 성립시키려면 그것만으로는 충분하지 않지요.

그러면 어떻게 하면 좋을까요? 저는 이것을 몰라서 몸부림치며 괴로워하고 있었습니다. 그렇게 한창 발버둥을 치던 규슈 출장 이틀째. 후쿠오카의 동네서점 북스큐브릭 하코자키 점에서 번개를 맞은 듯한 사건이 있었습니다. 바로 무라세 다카오 작가와의 만남이었습니다.

무라세 다카오 씨는 『흐리멍덩함과 이타』의 공저자 중 한 분으로, 이날은 마쓰무라 게이치로 작가와 대담을 나누려고 오셨습니다. 실제로 뵙는 것은 처음이었습니다. 대담 전, 마쓰무라 씨가 자리를 비우고 오 분 정도 잡담할 기회가 있었는데요, 이야기는 금방 작은 조직을 유지하는 일의 어려움과 재미로 흘렀습니다. 마치 제 관심이 거기에 있다는 것을 간파하신 것 같았죠. 그렇게 이야기를 이어 가며 무라세 다카오 씨가 나직이 말했습니다. "자전거 조업이 좋죠."

순간 "뭐?" 하는 표정을 지었던 것 같습니다. 살짝 고개를 끄덕이며 무라세 씨가 계속해서 말을 이었습니다. "자기가 페달을 밟는 만큼만 앞으로 가는 것. 그거면 충분하죠. 아니, 그게 전부라고 생각해요." 아, 그런가……. 그래, 그겁니다. 바로 그거였어요. 제 안의 가치관이 뿌리째 흔들렸습니다.

'인적人的으로도, 경제적으로도 여유를 만들지 않으면 안 된다, 그것 말고는 해결책이 없다'라고 어느 지점부터 쭉 그렇게 생각하고 있었습니다. 그래서 '자전거 조업'이라는 말에 반감이 든 것은 부인할 수 없습니다.

회사를 키우지 않는다고 말하면서 사람을 늘린 것도 제 안에 두려움과 초조함이 있었기 때문인 것 같습니다. 그것은 일반론과 맞지 않으면 안 된다는 두려움과 초조함이었습니다.

앞서 제1장에서 저는 이렇게 썼습니다.

"지금까지와는 다른 방식으로 바뀌어야 한다."

게다가 '바뀌는 방식'이 바뀌지 않았다는 점에서는 대기업과 똑같지 않았을까, 하는 말까지 썼습니다. 그러나 문제는 그것이 아니었습니다.

그러고 보면 1장에서 '저공비행'이라는 말을 사용했지요. '저공비행'이라고는 하지만, 그것은 기계 엔진으로 하는 운행입니다. 스스로의 힘만으로 앞으로 나가는 것이 아니죠. 결국 우리는 지나치게 일반론에 끌려가고 있었던 겁니다. 일반론의 압박을 실체 그 이상으로 느끼고 두려워했던 것입니다.

저 자신이 '큰 일'과 '작은 일'을 한데 섞어서 생각하고 있었기 때문에 이렇게 생각하고 말았습니다. 바뀌는 방식을 바꾸어야 했던 것이 아닙니다. 그게 문제가 아니었어요. 정말 바뀌지 않으면 안 되는 것은, '큰 일'을 기준으로 만들어진 일반론에만 맞추려고 했던 '생각' 그 자체였습니다. 즉 저는 아직도 일반론을 벗어나지 못하고 있었습니다.

상승 고도나 초음속 비행에 적합한 제트엔진은 더는 필요 없습니다.

'재미'에 관한 생각

예전에 '기업 다양성'이라는 말을 쓴 적이 있습니다. 간단히 말하면 개인과 마찬가지로 회사의 활동이나 양상도 개성을 존중해 줬으면 하는 마음에서 사용했습니다. 그리고 회사를 바라보는 잣대는 다양했으면 좋겠습니다. 간절하게 바랍니다.

왜냐하면 미시마샤처럼 '재미'를 만들어 전하는 것을 사명으로 생각하는 회사의 경우 일반론과 대다수의 잣대에 맞추기만 해서는 성립하지 않습니다. 그렇게 맞추면 평범함과 무난함이 기다릴 뿐입니다. 어쩌다가 '잘 팔리는' 일이 생길지도 모릅니다. 다수가 지금 '재미있다'고 생각하는 것에 기댄다면요. 그런데 그 '재미'는 뒤처진 재미입니다. 말을 바꾸면 검색이 가능한 '재미'이자 인터넷 검색으로 찾아낼 수 있는 재미입니다. 그런 재미는 미시마샤가 매일 목표로 하는 '재미'와 다릅니다.

우리의 '재미'는 만드는 이도 "와~" 하고 놀라거나 "오호!" 하는 감탄사를 연발하게 하지요. 이러한 미지의 '재미'를 물건으로 만들어 전하는 일을 목표로 정했습니다.

그 일을 하려면 맨몸으로 서야 합니다. 어느 정도 그러지 않고 딱딱하게 가드, 방어 자세를 고수해서는 '재미있는 것'이 찾아오지 않으니까요. 여기서 가드라는 것은 일반론과 대다수에 속하는 '옳은 것'을 가리킵니다. 그 가드를 풀어 주면서도 사회에서의 책임은 다하는 거죠.

맨몸으로 선다는 건 아이들의 놀이와 달라서 늘 책임이 동반되는 행위입니다. 음……, 어렵죠. 앞으로 그 어려운 길을 걸으려고 합니다. 일반론에 휩쓸리지 않고요. 알아주는 분들을 버팀목 삼고 있습니다. 그런 분들과 만날 수 있다는 믿음으로요.

훌륭하다, 자전거

저공비행과 작은 배를 거쳐서 마침내 자전거에 다다랐
습니다. 자전거. 비행기와도 작은 배와도 결정적으로 다
릅니다. 뭐가? 일단, 비행기와의 차이는 에너지의 종류
이지요. 기름인가, 노동력인가 하는. 그러면 작은 배와
의 차이는 뭘까요? 그것은 달리는 장소입니다. 당연히
작은 배는 물 위를 달리고 자전거는 땅 위를 달립니다.
그런데 탈것 자체의 차이는 아닙니다.
　혼자서 타는 것. 바로 이것이 다른 점일 것입니다.
가끔 두 명이 탈 때도 있겠지만 보통 한 대에 한 명이 타
는 것이 기본입니다. 이 탈것은 우리 몸과 연장선에 있습
니다. 페달을 밟으면 동력이 생깁니다. 핸들을 틀면 방
향의 전환이 일어납니다. 방향을 바꾸려면 몸을 기울이
죠. 속도도 거리도 타기 나름입니다. 한 명이 자기 몸을
써서 타는 자전거 한 대. 이 한 대, 한 대가 모여서 회사가
운영됩니다.

밭에서 만들고 자전거로 움직이게

물건 만들기는 밭에서. 회사 경영은 자전거로.

밭은 실천 중이지만, 자전거 조업은 이제 막 깨달았을 뿐입니다. 앞으로 매일 수정이 필요하겠지요. 그 첫발이자 최대의 수정이 사업 규모 축소입니다. 제트엔진을 멈추는 것은 그것일 테지요.

의도하진 않았지만 때마침 몇 명이 퇴사하게 되었습니다. 지금까지는 퇴사자가 생기면 업무 인력을 보충하기 위해 사람을 채용해 왔습니다. 그런데 이번에는 보충 인력 없이 갑니다. 이런 결단을 한 것은 처음입니다. 더군다나 매출이 오르는 상태에서의 축소입니다. 지금까지의 저라면 '인원을 보충하지 않으면 누군가가 일을 몇 배로 할 수밖에 없을 것이다, 그런 상황을 막으려면 채용을 서둘러야 한다'고 틀림없이 생각했을 겁니다.

매출 증가, 매출 유지. 이 생각을 버릴 때입니다. 매출이 떨어져도 상관없습니다. 매출을 유지하려고 인원을 보충하겠다는 발상을 멈추는 겁니다. 사람이 준 만큼 사업을 줄입니다. 지금 있는 인원으로 자전거 페달을 밟을 겁니다. 그래도 됩니다. 그것이 좋습니다.

앞의 글 「회복」과 「느슨하게 하다」에서 쓴 것을 코로나19 상황에 한정하지 않고 일상에서도 실천합니다. '한다'라는 덧셈으로 일으켜 온 변화를 뺄셈에 의한 변화로 움직일 때가 왔습니다.

프로젝트는 조금 열심히, 회사 일은 적당히

자전거를 밟는 것은 한 명. 그렇다면 회사를 집단으로 자전거 조업한다는 것은 프리랜서의 집합이 되는 셈일까요? 이런 질문을 받으면 그것과는 좀 다르다고 대답합니다. 보통 이런 질문을 하는 이가 떠올리는 이미지는 틀림없이 프로젝트 같은 것이겠지요. 한 프로젝트마다 자유롭게 사람들이 모여서 하나의 목표를 달성하려는 구조 말입니다.

그런데 미시마샤와 같이 작은 조직으로 여러 사람이 함께 일하는 것은 좋은 밭을 모두 함께 일구는 것과 같은 느낌이 듭니다. 만들고, 배달하고, 궁리하고 계산합니다. 우리가 매일 일하는 직장을 청소하고 정리합니다. 회사가 가진 정보와 신뢰성과 기술과 같은 공통 자본을 지키고 공유하지요. 개개인이 각자의 몸을 움직여 달리되, 달리는 방향이 같아서 가능한 일입니다.

프로젝트는 조금 열심히, 회사 일은 적당히. 이렇게도 말할 수 있을 것입니다. 프로젝트는 커피라도 마시며 집중해서, 회사 일은 때로 코를 후비며 설렁설렁…….

그러니까 나들이 가듯 페달을 밟을 순 없습니다. 자신의 좋은 점만을 보여 주는 것도 불가능하지요. 결점과 약점을 주위에 공유하면서 자전거 페달을 함께 밟는 것. 그것이 우리의 방식입니다.

그 과정에서 외부 사람들과 다양한 프로젝트를 함께하기도 하는 거죠. 자전거로 갈 수 없는 곳은 때로 차나 특급기차, 비행기를 이용하는 것처럼요.

**회사에서 어떻게 일할지 고민하는 일은
지구를 생각하는 일**

이러한 회사의 모습은 지구 환경과의 관계에도 부합하는 모습일 것입니다. 지속가능개발목표(SDGs)를 내걸고 기업의 성장을 꾀하는 것이 성행하는 요즘입니다. '친

환경 정책'이라고 말하는 입맛 당기는 표어를 장사 도구로 삼아 제트엔진을 가동해 기업의 규모를 유지하고 확대합니다. 이것이 현실입니다.

하지만 질문해야 할 것은 그것이 아니라 조업 방식입니다. '친환경 일을 하고 있습니다'와 같은 구호를 붙이는 것이 아닙니다. 제트엔진을 정지하고 자전거 조업으로 바꾸는 것! 그렇게 하는 편이 단연코 친환경적입니다. 애당초 그렇게 되려면 일단은 먼저 작은 회사에서 자전거 조업을 제대로 실현해야겠지요. 그렇지 않으면 설득력이 없습니다. 대기업도 작은 조직이 집적된 것입니다. 그렇다면 작은 회사와 조직에서 제대로 일하면서 만들어지는 룰과 규칙을 대기업에서도 적용하면 가능한 일입니다.

작은 회사나 조직에서 일하려는 사람이나 이미 일하고 있는 사람들에게는 "앞으로 아주 재미있어져요!"라고 말하고 싶습니다. 환경을 생각하는 일. 매일 일의 '양상'을 통해서 실천할 수 있습니다. 대기업만이 사회를 바꾼다는 발상에서 빠져나와야 하고, 일반론에 의지하지 않고 어디까지나 '적당히' 있어야 합니다.

이 실현을 위한 첫걸음이 경영층과 현장을 대립 구

조로 다루지 않는 것이라고 생각합니다. 누구든 각자의 자리에서 자전거를 탑니다. 자전거를 탄다는 점에서 누구든 똑같습니다. 책임의 크고 작음은 있지만, 책임을 져야 비로소 주체적인 일이 됩니다. 그렇게 해서 만족감과 기쁨이 샘솟죠.

자전거 조업을 하려고 하면 경영층도 현장도 모두 주자입니다. 해결해야 하는 개별 문제도 똑같다는 의미입니다. 함께 하나씩 생각하고 시도하고 실패하고 철회하며 고치고 조금씩 해결에 가까이 다가갑니다. 이러한 시간의 축적을 소중하게 여기는 집단만이 자전거 조업 회사가 될 수 있습니다.

대량의 기름과 전력이 드는 비행기나 신칸센 같은 회사 경영 방식은 시대에 뒤떨어진 발상일 것입니다. 모든 점에서 과거의 산물일지도 모릅니다.

돈에도 실적에도 의지하지 않고

또한 한 시간당, 하루당, 일주일당…… 같은 단위 생산량이라는 발상 그 자체에서 벗어나는 것도 중요하다고 생각합니다. 한 사람의 업무 안에는 시간의 다층성이 있습니다.

자전거 조업 세계에서는 인원수의 여유, 금전의 여유보다도 시간의 여유를 목표로 합니다. 지위와 직책과 실적은 큰 의미가 없고 단지 이 순간 자전거 페달을 밟는 것만이 중요합니다.

지금까지 회사는 장래의 불안을 줄여 주는 안정적인 '기댈 곳'이었습니다. 월급에 자신의 전부를 기댔지요. 돈에 기대는 한, 아무래도 자신을 '소비자'로 생각하지 않으면 안 됩니다. 물론 저에게도 그런 경향이 크게 있습니다. 단, '머리끝부터 발끝까지 소비자'가 되지 않도록 주의하고 있습니다. '머리끝부터 발끝까지 소비자'란 적립한 포인트로 조금이라도 이득을 보자, 쓸 수 있는 일반론은 모두 쓰자 등등과 같은 태도를 당연하다고 믿는 사람들을 가리킵니다. 하지만 그렇게까지 극단적이지 않더라도 '머리끝부터 발끝까지 소비자'라는 말을 '값을 치르는 것과 서비스 향유가 당연히 등가 교환 방식으로 이루어져야 한다는 인식의 소유자'라는 의미로 사용합니다.

현시점에서 일본의 대기업과 많은 행정은 사원이나

현장 사람들을 소비자로 보곤 합니다. 그래서 그 큰 흐름에 몸을 맡기는 편이 편하다는 것도 압니다. 소비자에 축을 두는 편이 절대다수니까요. 그런 의미에서 소비자 체질에서 아무래도 빠져나갈 수 없다는 걸 자각한다면 작은 회사에서 일하는 건 피하는 쪽이 나을지도 모릅니다.

자전거 조업이 기본인 작은 회사에서는 사원 모두가 각자 페달을 밟아 앞으로 나아간 총합계만이 회사의 벌이가 됩니다. 혼자 페달을 밟지 않거나 혹은 역방향으로 가더라도 괜찮은 구조가 아닙니다. 일단은 자전거를 탈 다릿심, 균형 감각, 체력 같은 조건을 만들지 않으면 시작할 수 없습니다.

물론 처음에는 몸에 익을 때까지 기다려 줄 수 있습니다. 그런데 계속해서 소비자의 태도, 즉 시간과 노동을 교환해 돈과 서비스를 얻는 감각밖에 갖고 있지 않으면 일하기 어려울지 모릅니다.

지위, 직책, 신분, 실적과 같은 과거의 유산으로 살고 싶은 사람도 마찬가지입니다. 그런 사람은 혼자 동떨어지고 맙니다. 모두 각자 움직이는 것이 결정적으로 중요합니다. 그래야 활기도 생겨납니다. 각자의 다릿심으로 달립니다. 때로 따로따로, 반드시 늘 똑같을 필요는 없습니다. 그렇지만 공통의 방향을 향하고 있고, 크게는 목적을 공유하고 있습니다. 이 점만 유의하면 서로 돕고 서로 지탱할 수도 있습니다. 뭔가 문제가 일어나면 다른 사람들과 이야기를 나눕니다. 저마다 처한 상황에서 어떤 일을 할 수 있을지 궁리하면서 조금씩 할 수 있는 일을 늘려 갑니다. 누군가가 오랜 기간 쉬어도 그대로 달리면 됩니다.

그대로 그 일 자체가 없어지는 일도 있고, 누군가가 대신 일할 때도 있겠죠. 혹은 지금부터 말하고 싶은 '시간을 친구로 삼기'를 해서 해결할 수 있는 일도 있을 것입니다. (오픈 AI 챗 GPT가 일부를 대체할 가능성도 있지만 이번에는 다루지 않겠습니다.) 인적인 결여를 시간으로 대신 보충한다는 발상입니다.

시간을 친구로 삼기

시간을 친구로 삼기. 무슨 말이야?

그런 생각이 들지도 모르겠으나 누구나 경험한 적이 있을 것입니다. 예를 들면 '치매'를 겪고 있는 분은 비칠비칠한 몸으로 소녀와 소년의 시간을 삽니다. 그런 느낌은 치매를 겪고 있지 않아도 알 수 있지요. 저는 아이와 가볍게 캐치볼을 하고 있으면 초등학생 무렵 아버지와 캐치볼을 하던 저의 모습이 겹쳐 보일 때가 있습니다. 그럴 때 마치 우리 아버지가 여기에 공을 던지고 있는 느낌을 받습니다. 어떤 찰나에 나타나는 이런 경험은 많은 분이 짚이는 데가 있지 않을까요. 치매를 겪고 있는 분들은 그 경험의 전문가라고 할 수 있습니다.

이러한 경험은 일상 생활에서만 일어나는 것은 아닙니다. 업무에서도 일어날 수 있습니다. 저는 요 몇 년간 원고를 읽고 소제목을 붙이거나 띠지 문구를 생각하거나 구성안을 만들 때 그런 일이 일어나더라고요. 약 20년 전 신입 때 머리를 싸매고 궁리하면서 필사적으로 일했던 무렵의 제가 노련한 존재가 되어 돕는 느낌이 있습니다. 『죠죠의 기묘한 모험』의 스탠드와 같은 것이 돕고 있다는 느낌이랄까. 그 분신을 '시간의 친구'라고 생각하게 되었습니다. 아마도 해결의 열쇠는 시간의 흐름을 느끼는 데 있겠다 짐작하면서요.

시간의 흐름도 강의 흐름처럼 일정하지 않습니다. 똑같은 강이라도 수면과 강바닥이 각각 전혀 다르고 그

중간도 다릅니다. 빠르기, 수량, 흘러가는 각도와 방향, 폭, 깊이, 온도, 모든 것이 다릅니다. 물고기들은 그 차이를 감지해 흐름에 맡기고 헤엄치며 먹이를 얻습니다. 각각의 목적에 걸맞은 흐름을 파악하고 있을 테죠.

우리도 마찬가지입니다.

적어도 제게 규슈에서의 지난 이틀은 시곗바늘로 셈할 수 있는 스물네 시간은 아니었습니다.

강의 흐름, 시간의 흐름

첫째 날 밤. 아마쿠사의 '서점과 활판인쇄소'에서 열린 마쓰무라 게이치로 씨와 사이토 하루미치 씨의 대담은 우리 출판사에도 첫 경험인 필담(정확하게는 PC로 입력하는)을 통한 대담 이벤트였습니다. 마쓰무라 씨와 청각장애인 사이토 씨 사이에서는 그날 첫 대면이라고는 생각할 수 없을 정도로 분위기가 달아올랐습니다. 단, 음성은 거의 없었고 타이핑하는 소리만이 탁탁타탁 하고 공간에 울렸습니다.

사이토: 귀가 들리는 사람도, 청각장애인도 모두 수화로 말하는 섬이 있습니다. 거기에 마쓰무라 씨를 모시고 가고 싶군요.

마쓰무라: 저도 가고 싶어요.

이러한 대화가 생생하게 오갔습니다. 문자가 타이핑되어 화면에 비칠 때까지 손님도 우리도 조용하게 기다립니다. 그렇게 기다리는 시간이 전혀 지루하지 않습니다.

소리는 없어도 두 사람은 활발히 대화했죠. 무언의 말은 확실히 손님쪽에서도 흘러넘치고 있었습니다. 그 공간에서 왔다 갔다 했습니다. 조용한데 오가는 말. 그 풍성함은 스마트폰을 멍하니 보며 손가락으로 화면을 스크롤 할 때의 빈곤함과는 천양지차입니다. 층층이 겹친 시간이 그날의 공간에 기분 좋게 흐르고 있었습니다.

무라세 씨가 말씀하신 '자전거 조업'에는 애당초 계량 가능한 시계의 시간과는 다른 시간이 흘러갑니다. 인지증認知症, 즉 '치매'를 겪고 있는 분들과 매일 접하는 그곳이 직장입니다. 10대 소녀 시절로 돌아가 버린 할머니, 전쟁 당시의 습관을 다시 불러온 할아버지…… 이러한 분들이 대다수를 차지합니다. 이미 다층의 시간을 살고 계신 분들과 꾸리는 일상이지요. 무라세 씨가 말하는 '자전거 조업'에 다층적이고 짙고 옅은 농담濃淡의 시간이 포함되어 있다는 점은 말할 필요도 없습니다.

틀림없이 무라세 씨에게서 자전거 조업밖에 방법이 없다고 생각한다는 말을 들었을 때 저는 이미 '농밀한 시간' 안에 있었을 것입니다. 마쓰무라 씨, 사이토 씨와의 풍성한 대화에서 얻은 하나의 결실이었던 것 같습니다.

시간은 팽창합니다. 한 시간을 수 시간만큼 알차게 채울 수도 있습니다. 물고기가 강물의 흐름을 느끼고 목적 있는 행위를 하듯이 인간도 원래 시간의 흐름을 붙잡고 살아온 것이 틀림없습니다. 그런데 흔한 예를 들자면, 일반적으로 수면에는 여덟 시간이 필요하다는 말을 너무 믿는 나머지 그 시간만큼 못 자면 불안해하지요. "지금, 여기 있는 나 자신은 어떠한가"라고 물을 필요도 없이, 몸의 목소리를 듣는 것도 그만두고, 시간의 흐름을 느끼지 못하는 자신으로 우리 스스로를 가둡니다. 일반론에 스스로 머무르려고 하지요. 어릴 때부터 쭉 그렇게 하는 것이 정답이라고 교육받은 결과죠.

그런데 '시간의 친구'라는 존재가 있어요. 있습니다.

그 존재를 느낄 수 있는 사람의 곁에 제대로 찾아갈 것입니다. 반드시.

시간의 제약으로부터 해방되어

초 단위, 분 단위로 새겨진 시간에 허덕이는 것이 아니라(그러니까 시간이 나를 사용하는 것이 아니라) 농담濃淡이 있는 시간의 흐름을 붙잡고 헤엄칩니다. 자전거 조업을 하는 한, 다양한 시간의 제약으로부터 해방되리라 생각합니다. 그리고 시간당 비용 대 효과라는 발상을 해서는 영원히 맛볼 수 없는, 재미있고 뜻밖인 나날이 찾아올 것이라 믿습니다.

"이렇게 하면 이런 수익이 난다"는 식으로는 생각하지 않아요. 그럼 자연스레 정년이라는 생각에 사로잡힐 필요도 없어질 것입니다. 몸이 움직이는 한, 자전거가 달릴 수 있는 범위에서 달리면 됩니다. 그렇게 생각하고 있으니 자신의 몸도 돌보며 계속 움직일 수 있는 상태를 목표로 할 것입니다. 프리랜서와 자영업자들은 애당초 모두 그러고 있죠. 회사에서 일하는 사람도 그러한 삶을 사는 때가 올 것입니다.

혹시라도 덧붙이자면, 신자유주의가 부추긴 고립과 고립을 조장하는 개인주의와는 전혀 다릅니다. 프리랜서가 가질 수 있는 어떤 주체성을 가진 개인과 그 개인을 전제로 새로운 조직을 우리 자신이 만들어 가는 겁니다. 행정에 한 가지 바람이 있다면 자전거 조업을 한 개인으로서 계속할 수 없었던 사람에게 두터운 안전망을 마련해 주었으면 합니다.

회사에 바라는 것은 작은 조직이 자전거 조업을 하는 자유와 독립성 그리고 거기에서 나온 좋은 아이디어와 규칙을 길어 올려 일반론으로 만드는 유연성을 지녔으면 좋겠다는 것입니다. 일단은요.

물론 이것은 극히 한 개인의 아이디어에 지나지 않습니다. 아이디어에 기초해 그려 보는 소박한 스케치죠. 제 목표는 이러한 작은 실천자들의 목소리가 가득가득 모여 넘쳐 나는 것입니다. 그 너머에 일반론의 저편이 보이는 것 같네요.

마지막으로, 저는 매출이 늘어나며 인력이 부족한 상황에서는 사업을 축소하고 매출이 증가하기를 바라지 않는다고 썼습니다. 이 말은 회사가 성장하는 과정에서야말로 유효하다고 직감했습니다. 회사 전체가 내리막일 때는 신중할 필요가 있습니다. 왜냐하면 내리막 상태라는 것은 다시 말해 기세가 없다는 것으로, 그때는 인력의 수로 충당할 수밖에 없습니다. 인원수를 더하고 기세를 다시금 살리는 데 주력하는 것이 좋은 방법일 때도 있습니다. 그 판단은 자전거 페달을 밟다 보면 자연스럽게 할 수 있습니다. '늘릴 수 있을 때는 늘린다.' 그것이 지금까지 보편적 생각이지요.

　한참 커지고 있을 때 '작은 것'을 목표로 삼기. 일반적인 관념의 다른 편에서야말로 봐야 할 것, 찾아야 할 것이 있다고 지금은 생각합니다.

결국 당신이 하려고 하는 것은 특이한 길을 돌파하려는 것이 아닌가 하고 생각하실지도 모르겠습니다. 그리고 그런 선택은 보편성을 잃어버리는 위험한 일이 아닌가 하고 느끼는 사람도 있을 것 같습니다. 그런데 포장마차와 학교 현장에서의 본말이 전도되는 모습은 우리가 본 그대로입니다. 보편성을 너무 우선시해서 일어난 불행도 많습니다. 어느 쪽이라도 문제는 일어나고 문제가 없는 세계 같은 건 없습니다.

전엔 오히려 대다수를 따르겠다고 정리함으로써 스스로를 답답한 공간에 가두어 버렸습니다. 이 흐름을 바꾸고 싶습니다. 일반론은 어떤 것에 앞서 미리 만들어지지 않습니다. 우리의 현실이 만들죠. 지금 보편적이지 않다고 생각되는 것이 다음의 일반론이 되기도 합니다. 그래서 품도 들고 결국 여기저기 상처도 입지만 문제가 나올 때마다 어떤 상황에서의 일반론과 마주서서 어떻게든 그 너머로 넘어가고 싶습니다.

밭에서 물건을 만들고 자전거 조업을 합니다. 그 두 가지 일을 동시에 계속하기 쉽지 않습니다. 그것을 실천하는 게 여전히 일반적이지 않다고 비판받는다면 그것은 어쩔 수 없어요. 그 시점에서 너덜너덜해지기도 할 테죠.

그럼에도 너덜너덜해져서 당도한 이 길을 걸어가고 싶습니다. 확고한 대답이 아니라고 해도, 어렴풋해도, 따스한 빛을 여기에서 느끼고 있으니까요.

기쁨

이것이 다입니다!

10년 전 미시마샤 서포터즈 제도를 시작한 이유는 물론 우리 출판 활동을 지원받기 위해서입니다. 그런데 지원만을 바란 것은 아닙니다. "종이책을 좋아하고 미시마샤가 목표로 하는 '재미'가 왠지 재미있어 보인다." 그렇게 생각하거나 느낀 분들께 좀 더 가까운 거리에서 우리가 느끼는 즐거움과 재미를 전하고 싶었습니다! 종이의 훌륭함, 한 권의 책을 다듬어 가는 과정, 인쇄 제본의 풍부한 버라이어티⋯⋯. 그것뿐일까요. 출판사를 운영하는 일의 미묘한 사정까지도요.

우리밖에 모르는 풍성함이 아직 많이 있습니다. 실제로 종이에 관해서는 '왕자 제지'에, 인쇄에 관해서는 '아사히 고속인쇄소'의 도움을 받아서 출판사조차 잘 모르는 종이와 인쇄에 관한 내용도 나누었죠. 모든 활동의 뿌리에 있는 생각은 단 한 가지. 서포터즈 여러분이 재미있어 해 주시기를 바라는 마음입니다.

"이것이 다입니다!" 처음에 말한 대로입니다. 그 시점으로 돌아가자 반성하는 마음이 밀려옵니다. 이제 더 쓸 페이지가 없으니 한 가지만 말씀드리겠어요. 서포터즈 특전을 줄인다고 말한 것도 "선물을 받고 싶어서 서포터즈가 된 것이 아니다"와 "갖고 싶은 책을 받을 수 없어서 유감"이라는 두 가지 의견을 받았기 때문입니다. 그런데 막상 통지하니 "뭐가 도착할지 기대하고 있었다"는 목소리가 계속 들렸습니다. '아! 그랬구나, 그랬었구나' 하고 새삼 기뻤습니다. 동시에 그렇다면 계속해야지 하고 마음을 새롭게 다졌습니다. 왜냐하면 즐거움으로 연결되고 싶어서요. 이 마음을 다시 한번 새롭게 먹고 다음으로 향하고자 합니다.

한번 결정한 일이라도 다른 목소리가 나오면 바꾸면 됩니다. 흔들려도 됩니다. 하나뿐인, 절대적인 대답이란 없는 가운데서도 그럼에도 늘 '하나'를 선택합니다. 일을 한다는 것은 이 반복이겠지요.

　불안정하고 막연하면서도 잠정적인 하나의 결론. 의지하기는 불안하고 정답은 저 멀리에 있습니다. 하지만 신뢰할 수 있는 사람들에게서 돌아온 답이라면 그 답을 믿어 보기로 합니다.

　지금 저는 서포터즈 제도 운영 방식의 메시지를 철회한 것에 큰 기쁨을 느끼고 있습니다.

　올 한 해 정말로 고마웠습니다.

나오는 말
'재미'와 '새로움'의 출판사

저는 종종 '새로움'이라는 말을 사용했습니다. "사람은 매일매일 다시 태어날 수 있다." 이런 생각으로 이 말을 썼다고 생각합니다.

제가 사용해 온 그 말의 의미를 지금, 이 순간 뼈저리게 실감합니다. 본문 마지막 부분에 쓴 것처럼 미시마샤는 자전거 조업 방식의 회사로 거듭났습니다.

얼마 전 새로운 출발을 위해 지유가오카와 교토 두 사무실 멤버들이 함께 모여 합숙했습니다. 자연으로 둘러싸인 곳에서 다양한 이야기를 나누고, 웃고, 함께 식사를 만들어 먹으며 놀았습니다. 이런 시간을 공유하고 나니 "아, 정말 새로운 회사가 탄생했구나" 하고 느끼지 않을 수 없었습니다. 앞으로의 날들이 몸속 깊은 곳에서부터 기대됩니다.

이 책은 원래 2장 '여러분께 드린 인사의 기록'만을 모아 소책자처럼 만들 생각이었습니다. 미시마샤 서포터즈 한정의 '서포터즈께 드린 인사말 모음집'이었던 셈입니다. 그래서 이 책은 아무리 생각해도 우리 출판사에서 낼 수밖에 없다고 생각했습니다. 지금까지 제가 쓴 책은 다른 출판사의 편집자에게 부탁해 출간했습니다만, 이번에는 그건 아무래도 어렵겠다고 생각했습니다.

그래서 '작은 미시마샤'라는 이름으로 출간할지 사내에서 의논하였습니다. 그런데 그 과정에서 영업팀 이케하다 군의 따끔한 의견을 들었습니다. 친하게 지내는 서점 직원에게 물어보니 서포터즈를 위한 '말'을 모은 것이라면 상품이 아니지 않냐며, 무료로 나눠 주는 것이 낫지 않겠냐고 하더랍니다. "듣고 보니 그렇군" 싶었습니다. 그 의견을 바탕으로 이 글을 '무료 배포 책자'로 만들까 생각하기도 했습니다. 그런데 그 말을 듣고서야 비로소 "이 책은 어떤 책인가?" 하는 것을 깊이 생각해 볼 수 있었습니다. 그러자 제 안에서 절실한 물음이 떠올랐습니다.

'재미를 계속 추구하려면 지금 내가 느끼고 있는 위기를 어떻게 극복하면 좋을까?' 이 물음을 던졌을 때 나온 일련의 대답들 즉 빛, 새로운 의문, 갈등, 잠정적 회답, 깊어지는 수수께끼 등이 모조리 소용돌이가 되어 차례차례로 제게 찾아왔습니다. 그 과정을 정리했습니다. 결과적으로 다음과 같은 3장의 구성이 되었습니다.

— 1장: 2006년부터 2018년까지의 회고
— 2장: 공개 계획이 없었던 서포터즈 한정 인사의 기록(5년분)
— 3장: 2023년 1월부터 3월에 걸쳐 스스로에게 거듭 던진 질문의 궤적

미시마샤 구성원들은 이렇게 정리해서 출간해도 괜찮겠다고 판단했는데, 나머지는 독자 여러분의 판단에 맡길 뿐입니다.

또 한 가지는 보통의 책 구성으로는 좀처럼 담아내기 힘든 생각을 애써 책에 담으려고 시도한 것이 이 책의 특징인데요. 새로운 가능성을 모색하기 위해서라도 한

번은 스스로 저자의 입장이 되어 볼 필요가 있지 않을까 싶었던 것도 이 책을 쓴 이유 중 하나입니다.

'작은 미시마샤'로 할 수 있는 가능한 일은 무엇일까요. 저자가 바로 저 자신이므로 이 책으로 가능한 몇 가지 테스트를 해 보고 싶었습니다. "문고판으로 하는 게 좋지 않을까요?"라는 디자이너 요리후지 씨의 조언을 반영한 것도 그 일환이고요. 출간 이후에도 독자 여러분에게 어떻게 전할 것인지 궁리하겠습니다. 테스트를 통해 깨달은 것들은 앞으로도 책을 충실히 만드는 데 꼭 적용하고자 합니다.

끝으로 저자 교정 때마다 새빨간 교정지를 오히려 기뻐하듯 받아 편집해 준 담당 편집자 노자키 유키노 씨를 비롯해서 미시마샤 직원 여러분에게 감사드리고 싶습니다. 그리고 졸저에 멋진 표지 디자인을 입혀 주신 요리후지 씨와 유한회사 분페이 긴자 여러분께도 뭐라고 감사의 말씀을 드려야 할지 모르겠습니다. 정말로 고마웠습니다. 오랫동안 '재미'에 함께 동참해 주신 서점, 인쇄소를 비롯한 관계자 여러분, 저자, 디자이너 그리고 이 책의 탄생에 함께해 주신 미시마샤 서포터즈 여러분께도 진심으로 감사드리고 싶습니다. 항상 고맙습니다.

옮긴이의 해

필연의 문에 새어 들어오는 우연의 빛

성장은 '놀라는 힘'과 '재미있어 하는 힘'에서부터 싹튼
다. 어린아이를 보면 언제나 사소한 것에 놀라고 별 볼
일 없는 것을 재미있어 한다. 물건을 바닥에 떨어뜨리며
새삼 놀라고 재미있어 하며 까르륵 웃는다. 꽃과 곤충을
마주하며 놀라고 들여다보는 재미에 시간 가는 줄 모른
다. 바람 소리에 놀라고 자신이 그린 그림을 몇 번이나
다시 보며 재미있어 한다.

　　철학자 구키 슈죠九鬼周造는 '놀라는 힘'과 '재미있어
하는 힘'은 '우연성'에 동반되는 정서라고 말했다. 구키
에 의하면 '우연성'의 핵심에는 '없을/아닐 가능성'이 있

다. '당연히 그러함'이 필연이고, '당연히 그러하지 않음'이 불가능이라고 한다면, '그럴 수도 아닐 수도 있는' 것이 우연이다. 가령 어른은 물건을 손에서 놓으면 무조건 아래로 떨어진다는 사실을 이미 알고 있다. 그때 어떤 소리가 나는지도 이미 잘 안다. 떨어뜨려도 되는 것과 떨어뜨려서는 안 되는 것도 구별할 수 있다. 어른의 세계에서 일어나는 만사는 '그래야 할' 혹은 '당연히 그런' 필연 아래 담담히 이어진다.

반면 어린아이들의 섬세한 마음은 눈앞의 사물이 '그렇지 않을 수도 있는' 가능성을 아직 유연하게 열어둔다. 부드러운 '우연'의 흔들림이 있다. 작은 돌을 손에서 놓았을 때 매번 똑같이 떨어질까? 푸딩은, 컵은, 가위는, 달걀은 각각 어떤 소리를 내고 떨어지며 어떤 방식으로 떨어질까. 떨어지면 어떻게 될까? 떨어지지 않을 가능성을 품은 채 떨어지는 물건은 깨지지 않을 가능성을 품은 채 깨진다. '그렇지 않을 수 있다'는 가능성을 품은 어린아이의 세계는 새로운 놀라움으로 언제나 두근거린다.

나는 미시마샤의 회사 운영 방침에서 이 유연한 '우연'의 흔들림을 느낀다. 그리고 개인이든 회사든 이 '우연에 흔들리는 여지'가 있을 때야 비로소 성장할 수 있다고 생각한다. 좋은 기회로 3년을 연이어 미시마샤 사옥에 견학을 갔다. 이 책의 저자인 미시마 쿠니히로 대표와 '재미있음'에 대해 이야기를 나눈 적이 있다. 그에게 "당신이 생각하는 '재미있음'이란 도대체 무엇입니까?" 하고 물었다. 그는 이렇게 답했다.

"저자가 가진 '재미있음'을 한 사람에게라도 더 전하고 싶은 마음인데, 책이 잘 팔렸다고 그것으로 된 것도 아니고 우리만 재미있다고 그것으로 된 것도 아니지요. 전하고자 하는 단단한 각오를 토대로 한 '재미있음'을 저는 '재미있는 마그마'라고 부릅니다."

"예? 뭐라고요? '재미있는 마그마'요?"

나는 이 표현에 놀라지 않을 수 없었다. 그는 말을 이었다.

"예를 들면 미시마샤가 발행하는 잡지 『밥상』이 있습니다. 이 잡지는 2015년 10월에 1호를 발행했는데요. 재미있는 것은 발행 2주 전까지만 해도 '잡지는 절대 만들지 않겠다'고 선언했었어요.

원래 잡지는 기한이 한정된, 수명이 정해진 읽을거리라고 생각했습니다. 출판사를 운영하면서 절판을 하지 않겠다는 방침을 세웠고, 계속 읽히는 책을 만들겠다고 다짐해 왔죠. 그런데 어느 날 문득 잡지를 만드는 우연에 맞닥뜨렸습니다.

2015년 봄에 스오오시마에 갔는데요. 이 섬에서는 농가와 양봉가 들이 십시일반 힘을 모아 시장을 운영합니다. 인구 만오천 명이 거주하는 섬에 하루에 이천 명이 모이는 것을 제 눈으로 직접 봤죠. 제가 그곳에서 목도한 것은 비록 작지만 앞으로의 시대에 '바람구멍'을 낼 가능성이 있는 움직임이었습니다. 그걸 보고 '아, 이 에너지를 당장 전하고 싶다! 여기에 새로운 시대의 씨앗이 있는 것 같다'고 생각했습니다. 이 작은 움직임을 기다리는 사람이 어딘가 틀림없이 있을 것만 같았지요. 마음이 급했습니다. 그런데 책을 만드는 데에는 짧게는 일 년, 길게는 몇 년이 걸리죠.

물론 이전에도 잡지를 만들어 보자는 이야기가 나왔습니다. 그런데 잡지를 만들기로 하고 재미있는 것을 그제야 찾는 게 아니라 재미있고 에너지 넘치는 것을 만나고서 얼른 전하고 싶은 마음으로 잡지를 발행해야, '재미있는 마그마'가 분화하고 나서야 비로소 일해야 미시마샤답다고 생각했습니다. 그게 바로 미시마샤지요."

생각해 보면 우리 삶에는 놀랄 만한 일이 얼마든지 숨어 있다. 변화와 성장은 이것을 자각할 때 시작된다. 그런데 언제 무엇에 놀라는지는 사람마다 다르다. 여하튼 '놀라움'과 '재미있어 함'을 가져오는 것은 '우연'이기 때문이다. 우연의 핵심은 '그렇지 않을 가능성', '굳이 그렇지 않아도 상관없는 가능성'이다. 그렇다면 성장하고 변화하려면 '굳이 그렇지 않아도 상관없는 가능성'을 추구할 수 있는 자유가 보장되어야 할 것이다. 미시마샤는 '출판사가 굳이 그러지 않아도 상관없는' 시도를 시시각각 추구하는 자유로운 회사다. '똑같은 것에 같은 관심을 애써 갖지 않는(혹은 갖지 못하는) 감수성', '똑같은 속도로, 똑같은 의욕으로 다가가지 않는 센스'. '굳이 이러지 않아도 괜찮지 않을까 하며 다른 길을 걸어 보는 과감함.' 이렇게 다른 출판사와의 어긋남을 애써 추구하면서 미시마샤는 우연을 만들어 간다.

이 책은 틀리고 상처받고 무너지고 다시 일어서는

이른바 좌충우돌하는 출판사의 이야기다. 책 제목처럼 '재미난 일을 하면 어떻게든 굴러가는' 출판사의 이야기이기도 하다.

틀릴 때, 상처받을 때, 무너질 때, 아득해질 때야 비로소 그때까지 단단하게 닫혀 있던 '필연의 문'에 우연의 빛이 새어 들어온다. 필연을 제대로 잡지 못하였을 때 그리고 필연에 어떤 위화감을 느꼈을 때야말로 거기에 생각지도 못한 우연의 가능성이 싹튼다. 앞으로 미시마샤가 어떤 우연의 가능성을 두드리고 그 문을 열어젖히는 출판사가 될지 상상하는 것만으로 가슴이 두근거린다.

재미난 일을 하면 어떻게든 굴러간다
: 작은 회사가 지속 가능하게 일하는 법

2024년 6월 14일   초판 1쇄 발행

지은이	옮긴이
미시마 쿠니히로	박동섭

펴낸이	펴낸곳	등록
조성웅	도서출판 유유	제406-2010-000032호(2010년 4월 2일)

주소
경기도 파주시 돌곶이길 180-38, 2층 (우편번호 10881)

전화	팩스	홈페이지	전자우편
031-946-6869	0303-3444-4645	uupress.co.kr	uupress@gmail.com

	페이스북	트위터	인스타그램
	facebook.com /uupress	twitter.com /uu_press	instagram.com /uupress

편집	디자인	조판	마케팅
인수, 김은경	이기준	정은정	전민영

제작	인쇄	제책	물류
제이오	(주)민언프린텍	다온바인텍	책과일터

ISBN 979-11-6770-092-6 03320